全国教育科学"十二五"规划2012年度教育部重点课题"绿色教育理论与区域教育改革实践研究"
（课题批准号：DHA120250）阶段成果

北京市教育科学"十二五"规划2014年度重点课题"高中生学业发展指导研究"
(课题批准号：ABA14021)阶段成果

王曦 主编

高中生学业发展指导手册

知识产权出版社
全国百佳图书出版单位

图书在版编目（CIP）数据

高中生学业发展指导手册/王曦主编．—北京：知识产权出版社，2016.9
ISBN 978－7－5130－4430－1

Ⅰ．①高… Ⅱ．①王… Ⅲ．①高中生—学习方法 Ⅳ．①G632.46

中国版本图书馆 CIP 数据核字（2016）第 210738 号

内容提要

本书由北京市教育科学规划重点课题"高中生学业发展指导研究"（课题批准号：ABA14021）课题组组织北京市石景山区各学科优秀教师编写，旨在帮助学生解读新高考政策、对各科课程学习进行指导、带领学生规划从学业到职业的发展路径；指导学生科学了解自我，发现自己的优势领域；指导学生提高自己的学业能力，发展自己多方面的潜能，科学对待综合素质评价及学业水平测试。对高中生、家长及教师应对新高考具有很强指导性和操作性。

责任编辑：国晓健	责任校对：潘凤越
封面设计：臧 磊	责任出版：刘译文

高中生学业发展指导手册

王 曦 主编

出版发行：知识产权出版社有限责任公司	网 址：http://www.ipph.cn
社 址：北京市海淀区西外太平庄55号	邮 编：100081
责编电话：010－82000860转8385	责编邮箱：guoxiaojian@cnipr.com
发行电话：010－82000860转8101/8102	发行传真：010－82000893/82005070/82000270
印 刷：三河市国英印务有限公司	经 销：各大网上书店、新华书店及相关专业书店
开 本：787mm×1092mm 1/16	印 张：12.5
版 次：2016年9月第1版	印 次：2016年9月第1次印刷
字 数：266千字	定 价：42.00元
ISBN 978-7-5130-4430-1	

出版权专有　侵权必究
如有印装质量问题，本社负责调换。

编 委 会

主　　编：王　曦
主要编写者：仇光霞　王晓萌　白　晔　龙娟娟　付艳丽
　　　　　　李文革　李　杰　李月娇　师雪峰　刚　艳
　　　　　　刘文娟　沈景娟　邵莹莹　钱玉玉　苏日娜
　　　　　　吴春萍　何东慧　张国雁　陈学义　陈劲松
　　　　　　柯　霞　赵　研　郭　新　房婷婷　原雁祥
　　　　　　姚春林　姜　斌　梁士锁　崔　璨　韩继红

序

  美国哈佛大学做过一项关于目标对人生影响的跟踪调查。它跟踪调查的对象是一群智力、学历、环境等条件大体相同的年轻人，结果发现：3%的人有清晰且长期的目标，25年中从未改变过目标并不懈地努力，他们在25年后几乎都成为社会各界的成功人士，包括创业者、行业领袖和社会精英；10%的人有清晰的短期目标，他们不断完成预定的短期目标，生活状态步步上升，25年后他们成为各行各业不可或缺的专门人才，生活在社会的中上层；60%的人目标模糊，他们能安稳地生活与工作，但没有什么特别的成就；剩下的27%是那些25年来没有目标的人群，他们生活不如意，频繁失业，靠社会救济，并且常常抱怨他人，抱怨社会，抱怨世界，几乎生活在社会的底层。同学们，你希望自己成为什么样的人呢？

  同学们，你们正处于人生的黄金时期，也是关键时期，此时的你们，热衷于探索自我，思考一些人生的重大问题。同时，你们也承受着很大的学业压力，即将迎来人生中最重要的一次考试——高考。你们需要有人对你们的高中学业发展进行指导和建议，为此，我们组织了一批优秀教师编写了具有很强指导性和操作性的《高中生学业发展指导手册》，它将帮助你们解读高考政策、对各科课程学习进行指导、带领你们规划从学业到职业的发展路径；指导同学们科学了解自我，发现自己的优势领域；指导同学们如何提高自己的学业能力，发展自己多方面的能力，科学对待综合素质评价及学业水平测试。可以说，《高中生学业发展指导手册》是各位高中同学学业发展的好朋友。

  希望同学们能够认真阅读本手册，与学校老师、同学探讨手册中的有关内容，同时用手册指导自己的学业实践。最后，预祝同学们学业成功，人生幸福！

王　曦
2016年2月1日

目 录

第一章 学业发展要规划 ... 1
- 第一节 中国国家高考政策解读 ... 1
- 第二节 从学业到职业发展路径指南 ... 9
- 第三节 制定我的学业发展规划 ... 19

第二章 高中国家课程学习指导 ... 22
- 第一节 高中语文课程指导 ... 22
- 第二节 高中数学课程指导 ... 25
- 第三节 高中英语课程指导 ... 29
- 第四节 高中物理课程指导 ... 32
- 第五节 高中化学课程指导 ... 36
- 第六节 高中生物课程指导 ... 39
- 第七节 高中地理课程指导 ... 43
- 第八节 高中历史课程指导 ... 47
- 第九节 高中思想政治课程指导 ... 50
- 第十节 高中体育与健康课程指导 ... 53
- 第十一节 高中信息技术课程指导 ... 57
- 第十二节 高中通用技术课程指导 ... 60
- 第十三节 高中美术课程指导 ... 64
- 第十四节 高中音乐课程指导 ... 67

第三章 高中校本选修课程指导 ... 72
- 第一节 高中校本选修课程的选课指导 ... 72
- 第二节 高中心理健康教育课程指导 ... 77
- 第三节 生物技术学生公司课程指导 ... 81
- 第四节 科学探案课程指导 ... 86
- 第五节 普通天文学课程指导 ... 88
- 第六节 简单经济学课程指导 ... 91
- 第七节 模拟联合国课程指导 ... 94
- 第八节 数字造型艺术课程指导 ... 97

第四章　提高学业能力 ·· 100
　　第一节　让你学得更好——认知技能训练 ··························· 100
　　第二节　学会自我监控——元认知技能训练 ························· 108
　　第三节　做自己的主人——自我管理技能训练 ······················· 112

第五章　发现个性潜能的多种方法 ···································· 118
　　第一节　参照心理测试来了解自我 ···································· 118
　　第二节　通过自我反思来了解自我 ···································· 136
　　第三节　了解自我的其他方法 ··· 141

第六章　发展自己多方面的能力 ······································ 143
　　第一节　成立和参加社团 ··· 143
　　第二节　参加社会实践 ··· 150
　　第三节　参与社区服务 ··· 157
　　第四节　做好研究性学习 ··· 161

第七章　进行学业发展监控 ·· 178
　　第一节　高中学生综合素质评价 ······································ 178
　　第二节　高中学业水平测试指导 ······································ 183

主要参考文献 ··· 189

后　　记 ··· 191

第一章 学业发展要规划

> **导读**：本章带领你了解高考政策及未来高考走向，带领你了解高中学业与未来职业之间的关系，指导你制定你的高中三年学业发展规划。

第一节 中国国家高考政策解读

高考，是普通高等学校招生全国统一考试的简称，是中华人民共和国（港、澳、台除外）大学最重要的入学考试，由中华人民共和国教育部统一组织调度，或实行自主命题的省级考试院（海南省为考试局）命题，每年6月7日、6月8日为考试日，部分省区高考时间为3天。高考是我国大学公开、公正地选拔人才的一次考试，对我们每个高中生而言，都是人生的一次最重要的考试，通过参加高考，我们可以实现"鲤鱼跳龙门"，进入自己理想的大学和专业，为将来的事业发展奠定必要的基础，因此，我们有必要对高考进行比较深入的了解。

一、对现行高考政策的解读

目前中国的高考共有三类：一类是教育部组织命题，二类是经教育部批准的自主命题的省级考试院命题（北京市属于此类），三类是新高考试点省市实行新的命题招生政策（上海、江苏、浙江）。目前北京市参考教育部要求，高考继续实施自主命题，分文理科。文史类考生考语文、数学（文）、外语、文科综合；理工类考生考语文、数学（理）、外语、理科综合。语文、数学（文/理）、外语满分均为150分，文科综合/理科综合满分各为300分，高考满分750分。主要注意以下几点。

（一）考试内容

继续保持和增强北京试卷注重基础、综合和灵活的特色，增强试题的选择性和开放性。充分重视学生在12年基础教育中的知识积累以及对学习和生活的感悟，着重考查学生独立思考和运用所学知识分析问题和解决问题的能力。

（二）加分政策

2015年1月1日起，取消体育特长生、中学生奥林匹克竞赛、科技类竞赛、省级优秀学生以及思想品德有突出事迹（含获得以北京市政府名义制发的见义勇为行为确认证书）等全国性加分项目。取消"北京市三好学生""北京市优秀学生干部"加分项目。

调整"少数民族"加分项目。2015年、2016年少数民族考生加5分投档，仅适用于北京市属高等学校招生录取。从2017年起，加分考生范围调整为"从边疆、山区、牧区、少数民族聚居地区在高级中等教育阶段转学到本市就读的少数民族考生"，分值5分，也仅适用于北京市属高等学校招生录取。

（三）自主招生

考生要先期进行报名申请并等待高校的材料审核。在参加全国统一高考后，由高校完成考核，确定入选资格考生名单、专业及优惠分值，并报教育部阳光高考平台公示。

（四）录取方式

北京2015年执行的是考生在高考成绩公布后进行志愿填报，高考志愿设置调整如下：本科招生高校按本科提前批、本科一批、本科二批、本科三批四个批次依次录取。本科提前批增加"双培计划""外培计划""农村专项计划"。按A、B、C三段顺序依次录取，每段均设置两个顺序志愿，每个志愿填报1所高校。本科一、二、三批均为平行志愿，分别可以填报6所平行志愿高校，每所高校填报6个专业，实行平行志愿投档方式，按照"分数优先、遵循志愿"的原则进行投档。

（五）高三一年月度安排

高三一年紧张忙碌，提前知道高三一年的月度大事，提前准备，可避免错漏或临时慌乱！本书参考中国教育在线（http：//www.eol.cn/），梳理了高三月度大事表供广大考生、家长和老师参考如表1.1所示。同时，提醒大家关注所在省市考试院或希望报考院校的具体安排！

表1.1 高三月度大事

月份	大事	说明
9月	空军招飞启动 一轮复习	空军招飞纳入普通高考招生计划。第一阶段为9月至12月进行宣传动员、报名推荐和预选初检等工作；第二阶段为全面检测选拔，在次年2月至8月对预选对象进行体检、心理品质检测、政审、文化考试和集中选拔录取等
10月	艺考政策	部分高校会陆续发布艺术特长生、高水平运动员、保送生等招生考试信息，建议考生和家长要及时予以关注
11月	高考报名 期中考试 艺考政策 民航招飞	很多地区的普通高等学校招生报名通知在这个月向社会公布。考生和家长要密切关注当地教育考试院网站上发布的相关信息

续表

月份	大　事	说　明
12月	高考报名 艺术特长生统测报名 体育专业考试报名 高校招生简章发布	本月对高考生来说至关重要。根据近年情况，高考报名一般在本月进行。考生要在规定时间内登录当地教育考试院网站报名。根据往年规律，美术统考报名、外语口试报名、艺术特长生统测报名和体育专业考试报名也与高考报名同步进行。此外，艺术特长生统一测试也在本月举行
次年1月	高校特殊类型招生测试 《考试说明》出台	各地高考考生本月可陆续领到《高考考试说明》，这本书很重要，不但是高考命题的重要依据，也是考生复习与备考的重要参考。本月也是各种特长生、保送生测试高峰期。考生要根据报考学校要求，在规定时间到指定地点应考
2月	艺术类专业课考试 二轮复习	本月是艺术类专业课报名、考试相对集中的月份。香港高校也会陆续公布内地招生计划
3月	高考体检 高职单招报名 一模	高考体检一般安排在本月进行，考生要在学校组织下到指定医院参加体检，发现身体指标有异常的考生应如何在填报志愿时避开限报专业等。一些地区的高职院校的单招报名工作一般也在3月开始
4月	发放专业目录和章程 外语口试 高校招生简章密集发布	4月底各地会发放《普通高等学校招生专业目录》《招生章程》等材料。这两份材料汇总了所有在当地招生的学校、专业计划、学校和专业代码等众多内容，是填报志愿的重要参考资料。报考外语类专业的考生，本月需参加外语口试，请关注具体时间的公布。体育专业考试一般也在本月举行，报考社会体育、体育教育、休闲体育等专业的考生必须有体育加试成绩。部分院校也会在本月组织小语种专业的报名和加试，以上这些信息，都会在第一时间及时准确地传达给考生
5月	招生咨询会 部分地区考前填报高考志愿	部分高校会集中举行招生咨询会、校园开放日。澳门、香港高校内地招生报名一般也在5月启动。往年，北京和上海考生考前填报高考志愿，现已改为考后填报志愿
6月	高考 高考查分 考后填报志愿	6月7日、8日，考生将走向高考考场。高考成绩查询、各地各批次路线分数线公布。考后将立即开始志愿填报。一般来说，报考军事、武警、公安类院校的考生还要在6月下旬参加军检、面试等。一些香港高校也将陆续在全国开始面试
7月	各地高招录取启动 高职志愿填报	高招录取工作将从本月开始。按批次征集志愿。7月还将公布专科录取控制分数线，7月底，考生要填报高职志愿。建议考生在收到录取通知书之前不要外出，以免错过补录等信息
8月	专科（高职）批次录取	本科批次录取基本在7月结束，专科（高职）批次将在8月录取

二、我国即将实施的新高考政策的解读

2013年11月《中共中央关于全面深化改革若干重大问题的决定》（以下简称《决定》）提出要"逐步推行普通高校基于统一高考和高中学业水平考试成绩的综合评价多元录取机制"。在《决定》中，对于如何推进考试招生制度改革，做了如下阐述：①探索招生和考试相对分离、学生考试多次选择、学校依法自主招生、专业机构组织实施、政府宏观管理、社会参与监督的运行机制，从根本上解决一考定终身的弊端。②义务教育免试就近入学，试行学区制和九年一贯对口招生。③推行初高中学业水平考试和综合素质评价。④加快推进职业院校分类招考或注册入学。⑤逐步推行普通高校基于统一高考和高中学业水平考试成绩的综合评价多元录取机制。⑥探索全国统考减少科目、不分文理科、外语等科目社会化考试一年多考。⑦试行普通高校、高职、成人高校之间学分转换，拓宽终身学习通道。对学生而言，实际的操作流程如图1.1所示。

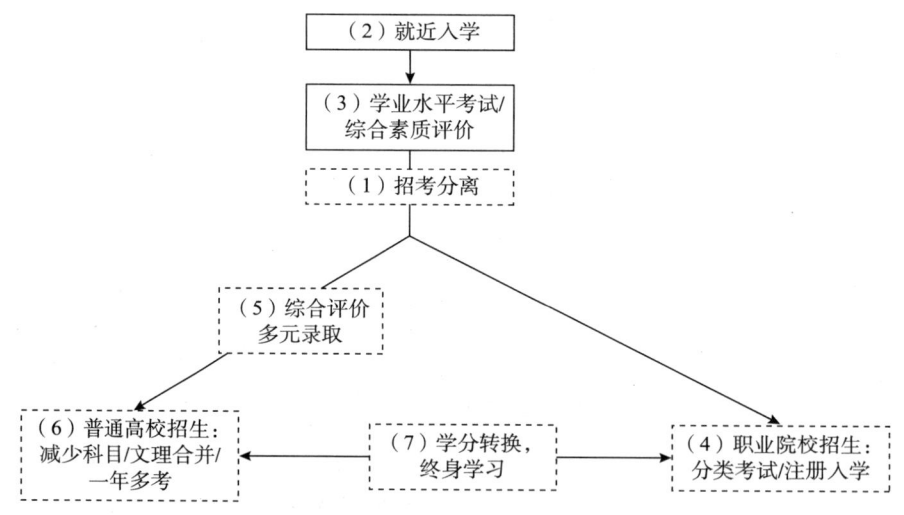

图 1.1 考试招生改革流程示意图

考试招生制度改革的核心是新高考方案的变化。新方案要改变的不是考试，而是考试的导向。中国高考制度的改革是要解决中国高等教育大众化以后的基础教育与高等教育，各自如何定位和如何发展的问题。从基础教育的角度来说，要真正提高国民的科学精神和人文素养，同时提高学生创新精神、促进学生个性发展，必须使基础教育回归素质教育原轨。

在国务院颁布的《关于深化考试招生制度改革的实施意见》中明确要求在2014年启动考试招生制度改革试点，2017年全面推进，到2020年基本建立中国特色现代教育考试招生制度。新高考将具有以下特点：

（一）重基础、重过程

1. 完善高中学业水平考试

学业水平考试是检验学习程度、促进全面健康发展、避免严重偏科的一项制度设计。考试范围覆盖国家规定的所有学习科目，同学们要认真学习每门必修课程，避免严重偏科。

2. 规范高中综合素质评价

促进同学们品学兼优，德、智、体、美全面发展和培养个性特长。记录同学们成长过程中的突出表现，注重社会责任感、创新精神和实践能力，主要包括思想品德、学业水平、身心健康、兴趣特长、社会实践等内容，评价结果将作为毕业和升学的重要参考。

（二）重能力

新高考将重视考察同学们的知识应用能力，着重考查同学们独立思考和运用所学知识分析问题、解决问题的能力。

（三）重传统文化

中国传统文化的考察将是未来高考的重点，语文在高考中的分量将有所提高。

（四）外语将成为水平测试

外语将逐步走向如托福、雅思类的能力测试，学生可多次参加，取最好成绩。

（五）职业教育将得到重视

未来技术院校、职业院校将更普遍。取得一技之长，与未来就业接轨的职业教育将是更多高中生的选择。并且职业院校将与学术大学之间实现学分共享，学生可根据自己的兴趣与能力选择自己未来的职业生涯：是走技术型还是学术型。

三、高考综合改革试点

2014 年，上海市、浙江省两地分别出台高考综合改革试点方案，从 2014 年秋季新入学的高一学生开始实施。

（一）不分文理，3+3（选科），外语多次考试机会

增强高考与高中学习和学生学科特长的关联度，考生总成绩由统一高考的语文、数学、外语 3 个科目成绩和高中学业水平考试 3 个科目成绩组成。保持统一高考的语文、数学、外语科目不变、分值不变，不分文理科，外语科目提供两次考试机会。计入总成绩的高中学业水平考试科目，由考生根据报考高校要求和自身特长，在思想政治、历史、地理、物理、化学、生物等科目中自主选择。

（二）探索多元录取机制

普通高校：改革招生录取机制，探索基于统一高考和高中学业水平考试成绩、参考综合素质评价的多元录取机制。各高校会根据自身的办学定位和专业培养目标，研究

提出对考生高中学业水平考试科目报考要求和综合素质评价使用办法，提前向社会公布。

部分高等职业院校：探索职业院校分类招考或注册入学机制。

要想获得更多关于高考的最新信息，建议大家到以下网站查询：

阳光高考：http：//gaokao.chsi.com.cn/

北京教育考试院网址：http：//www.bjeea.cn/

教育部官网：http：//www.moe.edu.cn/

中国教育在线：http：//www.eol.cn/

四、给同学们的建议

同学们，高考是我国大学公开、公正地选拔人才的一次考试，对我们每个高中生而言，都是人生的一次最重要的考试，通过参加高考，我们可以实现"鲤鱼跳龙门"，进入自己理想的大学和专业学习，为将来的事业发展奠定必要的基础。在此，给同学们提出以下建议。

（一）重基础，培养必备品质与学科素养

以后各科学业水平测试将越来越受到重视，在升学中起到重要的作用。为此，同学们在各科知识的学习中，要更加重基础，特别要注意不同学科强调的学科核心素养是什么。在每门课的学习中要重视基本知识、基本技能、基本思想和基本活动经验的积累，要培养自己的发现问题和提出问题的能力以及分析问题和解决问题的能力。

（二）发现自己的专长和潜能

未来的高考，将逐步实现3+3选科。这就需要同学们提早了解自己的兴趣和特长，了解自己未来想从事的职业，即提早进行职业生涯规划。

那么如何了解自己的兴趣和特长呢？建议同学们一方面可以参照本书后面介绍的了解自我的方法，另一方面要积极走向社会，积极参加社团活动，尽量选择自己感兴趣的选修课等，在实践中发现、激发自己的潜能。同时，主动了解社会上的不同职业，发现自己未来想从事的职业。

（三）联系现实，提高自己的知识应用能力

近年来高考命题非常重视学生的知识积累以及对学习和生活的感悟，重点考查学生独立思考和运用所学知识分析问题和解决问题的能力，而能力水平是通过知识的掌握和运用水平体现出来的，所以同学们既要重视知识的积累与掌握，更要有意识地关注现实生活和社会发展，将所学知识与自己生活经验建立联系，拓宽学习视野，学会独立思考，掌握解决问题的方法与途径，学会学习。同时建议大家利用各种机会走进现实生活，增加自己的人生阅历和社会经验。

（四）培养自己的创新能力

中国经济发展的转型需要我们改变经济增长方式，增加在产品研发和产品销售领域的经济份额。但是这种转型的基础是要有具有创新精神、创新能力、创新素质的大量人才。但是，目前我国最缺乏的就是创新型人才，我国在世界经济上的自有品牌和技术创新太少了。这是我们实现中华民族伟大复兴中国梦的最大障碍。所以社会发展需要创新型人才。因此同学们要有意识地培养自己的创新能力，建议大家可以积极参加研究性学习和翱翔计划，在学校教师的指导下，提升自己的研究和创新能力。同时，同学们的各种研究成果还可以放到学生综合素质评价平台上去，作为高校选拔人才的参考。

（五）探索改进学习方法

每个学生都要不断探索，改进自己的学习方法。每次考试之后要注意反思，要自己和自己比，看看自己有哪些学习方法是有效的，哪些学习方法需要改进。

向自己身边的优秀学生学习，借鉴他们的成功学习经验。下面两位学生的学习经验供大家参考。

附：2015年石景山区文理科状元谈"学习秘籍"

四大关键词——平静、内省、新鲜、自立

北京市石景山区理科状元：京源学校　董浩林　总分：682分

1. 平静

高中阶段发生的事说大不大说小不小，或许一场考试中你发挥失常了，哪怕是一败涂地，也没有必要垂头丧气一蹶不振。重要的是平静，静下来找到自己的弱项去亡羊补牢，这样就好。长此以往，一定会有效果。

我语文也不及格过，但我会反复思索为什么会这样？该怎么办？我就开始整理卷面上的错误，发现有概括上的，有主旨大意上的，有细节分析上的，有情感态度上的，有积累上的，有阐发评价上的，有审题立意上的，有逻辑和论证上的。我就仔细反复回顾文本材料、题目要求和答题思路，最后加以改正和巩固，慢慢地提高自己。思考比自责与烦闷更有效。

2. 内省

我总是有内省的习惯，当我失意与矛盾的时候我往往诉诸内心，我就会开始考虑比如"为什么我融入不到班集体中"，探索原因，可能是因为我太清冷不爱热闹，兴趣爱好较为独特不太寻常，同时也不太在意别人的想法。这时候思考怎么办，我就告诉自己有一些自己的做法是对的，比如守好本分不干涉别人；有一些做法可以保留，比如脾气清冷远离是非；同时也需要改正，比如要多顾及别人的感受而不要自说自话。生活上如此，学习也是一样。

3. 新鲜

我会去尝试一切我能摸的到的新鲜事物，摆脱笨重的书本的魔咒。我参加迷你马

拉松，独自前往巴蜀找小伙伴玩，当然也见见世面，参加翱翔计划实践课题研究，参加模联，参加哈佛峰会，参加北大考古夏令营接触未知的世界……更不用说学科学习当中那些不要求掌握的知识与探究活动。我厌倦没有新鲜感的生活，因此品尝货架上展出的新饮料就成了我的必修课。可能并不是每个人都具备或者需要像我这样旺盛的好奇心，但毕竟没有坏处。对世界抱有一份好奇心，可以让你知道得更多，学会得更多。

4. 自立

我们家就属于比较开放型的，家长对于我周末外出的目的和目的地从不过多过问。我想说，能够自己照顾自己、自己管理自己是很重要的，这在学习中也是一样。没有人督促你，没有人监督你，你知道什么时候该学什么时候该玩，你知道该做什么知道迷茫的时候去求助，就能把事情做成，把知识学好。高中生了，有能力也应该开始对自己负责了，能够在和自己有关的大事小情上自己做主，不要等到别人来拽你才站起来走路。

天资聪颖并不能使你成为文科里的佼佼者

北京市石景山区文科状元：京源学校　金之林　总分：654 分

对于文科生，天资聪颖并不能使你成为这一学科里的佼佼者，而坚持与日复一日的练习才是制胜的法宝。而可笑的是，这一点虽然我说了，但是我还是没有做到，比如我从来没有戒掉过手机、足球和一些无聊的电视节目……甚至在课上睡觉，自习课聊天……这些事情我都做过……所以我想，作为新晋的高三学生们，下定决心是必需的事儿！稍微放弃一点，你会收获更多。

关于文综的经验分享——

历史：准备两套笔记，一套是编年史笔记，一套是专题史笔记，主要由老师上课串讲组成，一定要细致入微有条理；准备错题本（非数学专属）记下所有套卷的错题所涉及的知识点以及这个知识点你没有掌握的部分（注意不是抄下题目）；课本利用好，注意每个角落，历史不一定要死记硬背，而是要多看课本有一个感觉，并利用课本多总结例如大的时间线，对应的课本标题线，还有中国古代农业发展历程之类的细节知识。

地理：最容易拿高分。高三总复习和高一高二学习地理非常不同，一定认真记笔记做总结；做题少但要涉及范围广，将你认为有意义的题目积累下来（这真的很重要，一开始没人知道什么是"有意义"，要自己慢慢探索，因为地理考的很多东西是有模式的换汤不换药，要多掌握同类型题目的答题思路、方向及其必备的答题语言）；准备地理图册、中国地图、世界地图，尽量精细化，没事多看看，做到"心中有图"。

政治：看起来最可怕的科目，但却可以通过积累变成一本笔记的科目。每本书，每模块，每单元细致整理加背诵；每套卷子分成

不同话题如京津冀一体化问题、经济新常态问题、传统文化问题进行整理，分出主体，将那些出乎你意料的答案抄下来，做成整理本，用活页纸不断加入新内容；热点整理，热点书籍很多可以网上找找买下来，自行摘抄积累有用的内容但不可盲从；最后一两个月回归课本加深理解，帮助认识。

第二节 从学业到职业发展路径指南

一、学业成功的影响因素

作为一个学生，我们的主要任务就是学习，争取在学业上取得成功。但是你知道影响一个人学业成功的因素有哪些吗？

北京市教育科学规划重点课题《高中生学业发展指导研究》课题组（课题批准号：ABA14021），为此做了文献综述，我们发现，国际上很多研究学业成功的专家所发现的学业成功的影响因素存在高度一致性。比如：Masten & Coatsworth（1998）年查阅了25年中有关学业成就的文献，以确定学业成就发展的有关的最主要因素；Wang（1994）查阅了50年来的文献，以确定促进学生有效学习的最主要因素；Hattic（1996）年查阅了10年来有关学习技能干预的研究。他们的研究结果发现了影响学业成败的相似因素主要有三大类，即：

※认知和元认知技能：如目标设定、学习过程监控和记忆技巧；
※社会技能：如表达技能、社会问题解决技能、倾听技能及小组合作技能；
※自我管理技能：如注意管理、动机和情绪管理。

参考专家的研究成果，以及国家政策（未来高考）对学生学业发展的要求，《高中生学业发展指导研究》课题组确定了我们促进学生学业发展的思路，如表1.2所示：

表1.2 高中生学业发展指导要点

一级指标	二级指标	培养要点
学业规划	学业动机	热爱学习 有自我发展的愿望
学业规划	学业与职业关系的认识	学业是职业的桥梁 职业是实现人生价值的手段
学业规划	学业规划	树立职业理想 学习制订学业规划
学业技能	认知和元认知技能	高效的新知学习 及时复习、总结归纳 综合应用知识 完善自己的学习方法和策略

续表

一级指标	二级指标	培养要点
学业技能	认知和元认知技能	有明确、具体、可测量的学习计划 能够自我监控自己的学业情况 不断反思、调节自己的学习
	自我管理技能	有效进行时间管理 能缓解、调节考试焦虑
了解自我	心理测试	能使用心理测试帮助发现自己个性特点与适合的职业类型等
	其他方法应用	能通过自我反思、与他人交流 通过参加各种活动发现自己的爱好和潜能
能力锻炼	发展自己的特长	能通过选修课、课外活动、学生社团、研究性学习等，发展自己的兴趣和特长
	综合问题解决技能	优秀的表达能力 自主应对生活中问题的能力 利用资源的能力 合作能力
自我监控	综合素质评价	用综素平台监控自己的全面发展，及时记录，突出特长和成绩
	学业反思能力	单元测验，学期、学年考试后能及时发现学业发展中的问题，查漏补缺，主动发现问题，制订自我改进计划

要想获得从学业到职业的成功，需要从以下方面发展自己：成就动机与规划意识、提升自己的学业技能、了解自己的个性潜能、有意识地锻炼自己的综合能力、及时监控自己的学习并具有自我学业效能感。

二、从学业到职业发展路径指南

教育部《普通高中课程方案（实验）》指出：普通高中课程由学习领域、科目、模块三个层次构成。高中课程设置了语言与文学、数学、人文与社会、科学、技术、艺术、体育与健康和综合实践活动八个学习领域。每一领域由课程价值相近的若干科目组成。八个学习领域共包括语文、数学、外语（英语、日语、俄语等）、思想政治、历史、地理、物理、化学、生物、艺术（或音乐、美术）、体育与健康、技术等12～13个科目。其中技术、艺术是新增设的科目，艺术与音乐、美术并行设置，供学校选择。鼓励有条件的学校开设两种或多种外语。每一科目由若干模块组成。模块之间既相互独立，又反映学科内容的逻辑联系。每一模块都有明确的教育目标，并围绕某一特定内容，整合学生经验和相关内容，构成相对完整的学习单元；每一模块都对教师教学行为和学生学习方式提出要求与建议。

普通高中学制为三年。课程由必修和选修两部分构成，并通过学分描述学生的课程修习状况。具体设置如表1.3所示：

表1.3 普通高中学科及学分设置

学习领域	科目	必修学分（共116学分）	选修学分Ⅰ	选修学分Ⅱ
语言与文学	语文	10	根据社会对人才多样化的需求，适应学生不同潜能和发展的需要，在共同必修的基础上，各科课程标准分类别、分层次设置若干选修模块，供学生选择	学校根据当地社会、经济、科技、文化发展的需要和学生的兴趣，开设若干选修模块，供学生选择
语言与文学	外语	10		
数学	数学	10		
人文与社会	思想政治	8		
人文与社会	历史	6		
人文与社会	地理	6		
科学	物理	6		
科学	化学	6		
科学	生物	6		
技术	技术（含信息技术和通用技术）	8		
艺术	艺术（或音乐、美术）	6		
体育与健康	体育与健康	11		
综合实践活动	研究性学习活动	15		
综合实践活动	社区服务	2		
综合实践活动	社会实践	6		

（1）每学年52周，其中教学时间40周，社会实践1周，假期（包括寒暑假、节假日和农忙假）11周。

（2）每学期分两段安排课程，每段10周，其中9周授课，1周复习考试。每个模块通常为36学时，一般按1周4学时安排，可在一个学段内完成。

（3）学生学习一个模块并通过考核，可获得2学分（其中体育与健康、艺术、音乐、美术每个模块原则上为18学时，相当于1学分），学分由学校认定。技术的8个必修学分中，信息技术和通用技术各4学分。

（4）研究性学习活动是每个学生的必修课程，三年共计15学分。设置研究性学习活动旨在引导学生关注社会、经济、科技和生活中的问题，通过自主探究、亲身实践的过程综合地运用已有知识和经验解决问题，学会学习，培养学生的人文精神和科学素养。

此外，学生每学年必须参加1周的社会实践，获得2学分。三年中学生必须参加不少于10个工作日的社区服务，获得2学分。

（5）学生毕业的学分要求：学生每学年在每个学习领域都必须获得一定学分，三年中获得116个必修学分（包括研究性学习活动15学分，社区服务2学分，社会实践6学分），在选修Ⅱ中至少获得6学分，总学分达到144方可毕业。

本指南按照12个高考学科门类进行划分，包含每个学科门类对应的未来职业发展、主要专业、主要培养的能力、高中文理倾向及重点必修科目、高中选修课建议、研究性学习建议以及社区服务与社会实践活动建议（见表1.4），供同学们在进行学业规划时进行参考。

需要提请同学们注意的是：

（1）本指南中的内容仅供参考，帮助大家做规划与选择时理清思路，在真正做决定时建议进行更多的调查与咨询，比如阳光高考网、大学招生就业网站、学业指导老师等。

（2）高中文理倾向及重点必修科目是参考学科门类的综合招生情况以及该门类需要重点培养的能力而定，具体到某所大学某个专业的招考科目需要到此大学招生网站上进行查询。

表 1.4 从学业到职业发展路径参考表

学科门类	职业发展（举例）	主要专业	重要培养能力	文理倾向及重点必修课	选修课（举例）	研究性学习（举例）	社区服务与社会实践活动建议
哲学	哲学教学或研究人员、行政管理、党务工作、经济管理、文化产业开发、党政机关公务员、新闻工作者、编辑、宣传理论工作者、机构管理人员	哲学、逻辑学、宗教学、伦理学	哲学理论思维能力、创新能力，口头与文字表达能力，社会活动能力，科研能力	偏文（语文、数学、英语、历史、地理、政治）	中国哲学史、西方哲学史、形而上学、数理逻辑、诸子百家、伦理学、宗教学	从某寺庙看我国宗教政策、探究中国古代哲学思想、走进哲学	宜参加扩宽视野、思辨类实践活动，如模拟联合国、采访两会
经济学	会计师、税务专业人员、财务经理、证券或财务经纪人等金融专业人员、商业管理人员、行政管理人员、公共经济研究人员	经济学、国民经济管理、能源经济、财政学、税收学、金融学、保险、投资学、信用管理、经济与贸易	掌握经济学的基本理论和分析方法；掌握现代经济分析方法和计算机应用技能；掌握中外经济文献检索、资料查询的基本方法，具有一定的经济研究和实际工作能力	文理均衡	学生公司、青年理财、商务英语、经济学基础、投资学、市场营销	如何投资基金、探究股市、某地区经济成战略研究、二手房买卖的支付方法	宜参加社会经济调查与实践活动，如职业实践、企业调研、经济状况调研
法学	律师、法官、检察官、法律专业人员、公务员、公安机关人员、社区服务和公益工作者	法学、知识产权、政治学、外交学、国际事务与国际关系、社会学、民族学、马克思主义理论、公安学	运用法学理论和方法分析问题和运用法律解决实际事务与问题的能力、收集资料与数据分析能力、科研能力	偏文（语文、数学、历史、地理、政治）	科学探案、刑侦知识、法学、外交、国际关系、马克思主义理论与基础	某社区民主选举调查、中学生对法律意识的认识、个人隐私权的保护	宜参加与法律相关的调查与实践，如模拟法庭、体验法庭、社区服务、公益服务

12

第一章 学业发展要规划

续表

学科门类	职业发展（举例）	主要专业	重要培养能力	文理倾向及重点必修课	选修课（举例）	研究性学习（举例）	社区服务与社会实践活动建议
教育学	中小学教师，学前教育教师，教育机构专业人员，校长及学校主管人员，教育研究人员，教育研发与管理人员，体育健身指导与治疗人员	教育学，教育技术学，学前教育，小学教育，体育教育，运动人体科学，运动康复，艺术教育，职业技术教育	较强的教育科研、教学管理、咨询和辅导能力	偏文（语文、数学、英语、历史、生物、政治、信息技术、体育）	教育心理学，中国教育史，外国教育史，羽毛球，足球，乒乓球，网球，健身，排舞	学习自控力研究，中学生校园活动参与度的影响因素及其对策研究，对乒乓球课题的研究	宜参加社区公益服务以及与教育有关实践活动，如幼儿园、小学实习，体育比赛
文学	语言文学教学与研究人员，新闻传播、编辑出版、作家或评论家，策划开发人员，企业公关文秘，翻译，经贸谈判人员，广告管理与策划人员	中国语言文学，汉语国际教育，秘书学，外国语言文学，英语、德语、法语、西班牙语，新闻传播学，编辑出版学	文学修养，鉴赏文学能力，较强的写作能力以及语言表达能力	偏文（语文、数学、英语、历史、地理、政治）	民国情书，古文观止选读，国学，旅游英语，俄语，法语，西班牙语，新闻传记，实事播报	中学生小说喜好，探究某地区诗词文化，新诗相对于古诗的优缺点，某地区语言文化，T伽衫上的英文	宜参加文学文化类调研与实践活动，如孔孟文化考察，走进人类博物馆
历史学	历史教学与研究人员，党政机关工作人员，新闻工作者，博物馆工作人员，公务员，文物鉴定保护人员，古玩拍卖人员，文化传播人员	历史学，考古学，文物与博物馆学，文物保护技术	掌握历史学的基本研究方法与分析方法；具有从事历史研究的初步能力和较强的口头表达和文字表达能力	偏文（语文、数学、英语、历史、地理、政治）	中日甲午战争，历史人物面面观，中国近代史，中美关系史，中国文物赏析	景德镇历史起源调查，全聚德，昨天、今天与明天，某地的历史与文化，中国古代陶瓷研究	宜参加与历史考古相关的调查与实践活动，如进故宫等历史类博物馆考察，走进人文，西安历史文化考察

续表

学科门类		职业发展（举例）	主要专业	重要培养能力	文理倾向及重点必修课	选修课（举例）	研究性学习（举例）	社区服务与社会实践活动建议
理学	数理化	数理化教学与研究人员，精算师，财务工程，软件开发，数据处理，算法设计，风险管理，电子产品研发人员，科技管理，化工、材料、制药及纺织业的研发与管理人员，市场调研人员	数学，信息与计算科学，物理学，化学，化学生物学，分子科学与工程，统计学	阅读能力，逻辑推理能力，科研能力，机械推理能力	偏理（语文、数学、英语、物理、化学、生物、信息技术、通用技术）	让"物理"引导生活，诺贝尔化学奖得主的故事，精英化学，中国古代经典选读，高中电磁学实验著作选读，高中电磁学实验体验与总结	寻找生活中的数学，创新实验开发，明月草的化学成分分析，多悬翼无人机的各部分质量与其稳定性的相关性关系	宜参加与数理化相关的研究实践活动，如翱翔计划，大学实验室参观体验
	地球与环境	地球与环境教学与研究人员，水利、林业与农业的规划设计与开发管理，产业规划，旅游规划与管理，市政工程，城乡规划与设计，土地开发与评估，环境保护，资源能源勘察，地震分析预报，海洋国土测绘	天文学，地理科学，人文地理与城乡规划，大气科学，海洋科学，地球物理学，空间科学与技术，地质学	阅读能力，科学能力，空间关系操作能力	偏理（语文、数学、英语、物理、化学、生物、地理、信息技术）	天眼（信息技术、地理），区域差异的评价及展示，天文、地质学，环境保护，城市规划	某地水质探究，节能减排，某公园旅游规划，某地或某景观文化保护现状调查，探究PM2.5，某地土壤成分分析	宜参加与地球环境相关的研究实践活动，如天文观测，定向越野，走进自然科学类博物馆，对长白山、青岛、内蒙古等地的科学考察活动

14

续表

学科门类		职业发展（举例）	主要专业	重要培养素能力	文理倾向及重点必修课	选修课（举例）	研究性学习（举例）	社区服务与社会实践活动建议
理学	生物科学	生物教学与科研人员，医药、食品与保健品的开发与销售人员，技术管理与监控，工艺设计，生态与环境保护，工业和城市区域规划人员	生物科学、生物技术、生物信息学、生态学	科学素养；掌握资料查询、文献检索及运用现代信息技术获取相关信息的基本方法；具有一定实验条件下的实验设计、创造实验条件、归纳、整理、分析实验结果、撰写论文、参与学术交流的能力	偏理（语文、数学、英语、物理、化学、生物、地理、信息技术）	生物组培，果醋果酒泡菜制作，鲜花技术研究，食品安全与保健，营养饮料精油的研究与制作	动物解剖与标本制作，鲜花保鲜技术研究，碳酸饮料与健康，植物精油的研究与制作	宜参加与生物相关的研究实践活动，如到实验室生物实验体验，参观大学生科学考察活动，走进自然科学类博物馆
	心理学	心理学教学与研究人员，辅导教师，心理咨询，心理测评，人力资源管理，技术培训，组织文化建设，广告营销，工业产品设计	心理学、应用心理学	具有良好的心理学实验和心理测量的基本能力。助人能力、亲和力	偏理（语文、数学、英语、物理、化学、生物、信息技术）	心理健康教育，生涯规划指导，学业指导，拓展游戏，人格心理学，发展心理学	高中生压力源及应对方式研究，生涯规划与高中学习、情绪调适方法研究	宜参加与心理生涯相关的调研与实践活动，如参加招聘会、职业见习、调研大学，以及社会公益服务
工学	计算机	计算机教学与科研人员，电子网络管理工程师，信息安全、保密技术，商务设计师，计算机软件研发与管理，计算机硬件设计与制作，多媒体游戏设计与制作，动画游戏开发与制作	计算机科学与技术，信息安全，智能科学与技术，网络工程，软件工程，数字媒体技术	获取知识能力，应用知识能力，团结协作能力，自主创新能力	偏理（语文、数学、英语、物理、化学、生物、信息技术）	简易机器人制作，数据库管理，语言程序设计，数据库技术，3D动画制作	家用电脑的安全问题，网络的利与弊，计算机病毒的防治	宜参与计算机相关研究与实践活动

续表

学科门类		职业发展（举例）	主要专业	重要培养能力	文理倾向及重点必修课	选修课（举例）	研究性学习（举例）	社区服务与社会实践活动建议
建筑		建筑学教学、研究与管理工作，建筑设计，城乡规划与设计，城市建设与管理，景观设计，园林设计，房地产开发，建筑遗产保护与修复，工程设计	建筑学，城乡规划，风景园林，历史建筑保护工程	艺术和技术的综合。设计能力，用多种方式表达设计意图的能力以及具有初步的计算机文字、图形、数据的处理能力，项目策划、建筑设计方案和建筑施工图绘制的能力，具有建筑美学的修养等	偏理（语文，数学，英语，物理，化学，生物，地理，历史，通用技术，美术）	建筑及设计，中国园林史，中国建筑史，园林设计	中国徽派建筑风格探究，中国古代建筑鉴赏，某地区古建筑现状及保护情况	宜参与建筑环境建设相关的研究与实践活动，如故宫探秘
工学		1. 电子工程师、光电工程师、自动化工程师、通讯工程师、工程监理师；2. 动力工程师、航空工程师、汽车工程师、造船工程师、机械设计工程师；3. 土木工程师、结构工程师、工程技术与管理；4. 化学工程师、环境工程师、药剂师、分析工程师；5. 冶金工程师、材料工程师；6. 工业工程师、决策分析师、物料管理工程师、生产管理	1. 电机与电子工程 2. 机械工程 3. 土木工程 4. 化学工程 5. 材料工程 6. 科技管理	用数学和其他自然科学的原理来设计有用物体的阅读能力，计算能力，科学能力，抽象推理，机械推理，操作能力	偏理（语文，数学，英语，物理，化学，生物，信息技术，通用技术）	数字电子技术，电磁场与微波技术，材料科学，房屋建筑学，桥梁工程，有机化学	基因工程的现状与调查，三峡工程的利弊，3D电视成像技术探究	宜参加工程相关的研究与实践活动，如大学实验室参观学习，企业参观与见习

16

第一章 学业发展要规划

续表

学科门类	职业发展（举例）	主要专业	重要培养能力	文理倾向及重点必修课	选修课（举例）	研究性学习（举例）	社区服务与社会实践活动建议
农学	兽医师，生态保育专业人员，农药及肥料研发，园艺企业经营，牧场经营，畜牧业技师，畜产品研发，食品研发，环保技师，自然资源保育师	植物生产，园艺，烟草，自然保护与环境生态，野生动物与自然保护区管理，动物生产，动物医学，林学，水产养殖，海洋渔业科学与技术，草学	具有作物育种，作物栽培与耕作，种子生产与检验等方面的基本能力	偏理（语文、数学、英语、物理、化学、生物、地理）	生物试验设计，植物病理学，昆虫学，作物栽培与耕作，动物营养，遗传，动物养殖	转基因食物的研究，中国茶文化的学习与品鉴，试验田农作物种植可行性研究，影响某地油菜花生长的因素探究	宜参加农学有关研究与实践活动，如试验田耕种，植物考察活动，饲养宠物
医学	医药教学与科研人员，医生，护理，药品研发与销售，药品监督与管理，心理与精神科医师，食品制造，疾病预防控制，卫生监督与管理，营养保健与管理	基础医学，临床医学，麻醉学，精神医学，影像，口腔医学，公共卫生与预防医学，食品卫生与营养学，中医学，药学，药事管理，中药学，中药资源与开发，法医学，医学技术，康复治疗学，卫生检验与检疫	学习能力，分析判断能力，动手操作能力，人际能力，文献检索资料调查的基本方法，具有一定的科学研究和实际工作能力	偏理（语文、数学、英语、物理、化学、生物）	中草药研究，人体解剖，细胞学，医学免疫学，分子免疫学，医学遗传学，病理生理学，药理学	关于抗生素滥用情况的调查，感冒药与抗感冒药的选择，中药与西药的利弊对比，某中草药研究	宜参加医学有关的研究实践活动，如医院参观学习，社区公益服务，养老院服务，中草药活动实践活动等

续表

学科门类	职业发展（举例）	主要专业	重要培养能力	文理倾向及重点必修课	选修课（举例）	研究性学习（举例）	社区服务与社会实践活动建议
管理学	产业分析与政策管理、项目管理、工程造价管理、房地产开发与实施、人力资源管理、行政管理、证券或财务经纪人、市场营销研究与营销、会计、审计、国际贸易、物业管理、工商服务业管理、交通业、企业管理经理、物流管理、工业工程、电子商务、软件开发、旅游业经营与管理	管理科学、工程管理、工商管理、市场营销、会计学、审计学、人力资源管理、物业管理、农业经济管理、公共事业管理、劳动与社会保障、图书馆学、档案管理、工业工程、电子商务、交通管理、旅游酒店管理	计划统筹能力、组织领导能力、控制协调能力、把控全局能力等	文理均衡	学生公司、经济学、财务学、管理学、市场营销、企业经营战略、广告学、消费心理	关于经济全球化的研究、中学生的消费状况、银行存款利息和利税的调查、购房贷款决策问题	宜参加管理相关的调研与实践活动，如企业管理参观学习
艺术学	音乐、美术、舞蹈与影视等艺术教学、创作与视等艺术、数字影视节目策划与创作、动画设计、平面设计、景观设计、室内设计、产品开发、建筑设计、播音设计、主持	艺术学理论、音乐与舞蹈、戏剧与影视、视觉艺术、录音艺术、播音与主持艺术、动画、美术学、雕塑、设计学、环境设计、公共艺术、数字媒体艺术	人文素养、阅读能力、空间关系操作能力、艺术创作能力、音乐能力、想象能力等	偏文（语文、数学、英语、历史、地理、政治、音乐、美术、体育）	京剧、电影课程、服装设计、动画制作、美术设计、舞蹈、合唱、影视欣赏队、书法	室内装潢设计方案、数字艺术插画绘制方法与欣赏性研究、电影特技的真实性、动漫设计、中外戏剧赏析与研究	宜参加艺术相关的研究与参观活动，如参观电影院、艺术比赛与展示、走进文化艺术类博物馆

第三节 制定我的学业发展规划

制定我的学业发展规划，具体见表 1.5 ~ 表 1.8。

表 1.5 我的职业目标及学业目标❶

我的职业目标	我的选择	有无变化	我的职业目标	我的选择	有无变化
职业目标 1❷			职业目标 2		
受教育目标❸			受教育目标		
专业 1			专业 1		
目标院校 1			目标院校 1		
该院校该专业的有关信息❹			该院校该专业的有关信息		
目标院校 2			目标院校 2		
该院校该专业的有关信息			该院校该专业的有关信息		
专业 2			专业 2		
目标院校 1			目标院校 1		
该院校该专业的有关信息			该院校该专业的有关信息		
目标院校 2			目标院校 2		
该院校该专业的有关信息			该院校该专业的有关信息		
该职业目标你需要重点提升的素质与能力❺			该职业目标你需要重点提升的素质与能力		

表 1.6 我的高一年级的行动计划

学期目标行动计划	高一第 1 学期	1. 完全没完成 2. 完成一点 3. 完成一半 4. 完成绝大部分 5. 全部完成	高一第 2 学期	1. 完全没完成 2. 完成一点 3. 完成一半 4. 完成绝大部分 5. 全部完成
必修课				

---

❶ 本规划包括两个职业目标，每个职业目标包括两个专业，每个专业可以有两个目标院校。你的职业目标是可以变化的，逐步明晰的，但是越早明晰你的目标越清楚。

❷ 职业目标：你的职业理想，可为自己树立职业榜样。

❸ 受教育目标：你想接受的教育目标是大专、大本、研究生、博士？

❹ 有关信息：该校该专业的概况、素质要求、录取分数等。

❺ 你需要分析出该职业目标的核心素质与能力，并与你自己的现状分析比较，发现你的努力方向。

续表

学期目标行动计划	高一第1学期	1. 完全没完成 2. 完成一点 3. 完成一半 4. 完成绝大部分 5. 全部完成	高一第2学期	1. 完全没完成 2. 完成一点 3. 完成一半 4. 完成绝大部分 5. 全部完成
选修课				
综合实践活动 （研究性学习、 社区志愿服务 及社会实践活动）				
社团				
其他素质 提高项目				
备注				

表 1.7　我的高二年级的行动计划

学期目标 行动计划	高二第1学期	1. 完全没完成 2. 完成一点 3. 完成一半 4. 完成绝大部分 5. 全部完成	高二第2学期	1. 完全没完成 2. 完成一点 3. 完成一半 4. 完成绝大部分 5. 全部完成
必修课				
选修课				
综合实践活动 （研究性学习、 社区志愿服务 及社会实践活动）				
社团				
其他素质提高项目				
备注				

表 1.8　我的高三年级的行动计划

高三将是你实现职业生涯规划的第一个关键期。高三最后一年你打算怎么过？请你自定目标，自我努力吧！

学期目标行动计划	高三第 1 学期	1. 完全没完成 2. 完成一点 3. 完成一半 4. 完成绝大部分 5. 全部完成	高三第 2 学期	1. 完全没完成 2. 完成一点 3. 完成一半 4. 完成绝大部分 5. 全部完成
目标 1				
目标 2				
目标 3				
目标 4				
其他				

第二章　高中国家课程学习指导

> **导读**：本章介绍了国家高中必修课与部分选修课的学科价值与相关专业走向、学习方法建议等。对如何根据个人爱好与职业规划学习进行了指导。

本章对教育部《普通高中课程方案（实验）》中所涉及的 14 门必修课从学科价值与相关专业走向、该门课学习要点及能力要求、该门课的学习方法建议三个方面分别邀请富有教学经验的骨干教师编写，对大家学习有关科目会有所帮助的！

第一节　高中语文课程指导

语文是最重要的交际工具，是人类文化的重要组成部分。工具性与人文性的统一，是语文课程的基本特点。同学们进入高中学习阶段，在语文学习中应当自觉树立创新意识，不断探求科学的学习方法，主动参与语文实践活动，进一步提高语文素养，提高语文应用能力和一定的语文审美能力、探究能力，形成良好的思想道德素质和科学文化素质，为终身学习和有个性的发展奠定基础。

一、学科价值与相关专业走向

（一）学科价值

同学们在阅读与欣赏、表达与交流的实践中，应该掌握学习语文的方法，增强语文应用能力，培养审美能力、探究能力，促进自己均衡而有个性地发展。高中语文课程的具体价值主要体现在以下方面：

（1）加强语文积累，具有良好的现代汉语语感和初步的文言语感；

（2）掌握学习语文的基本方法，逐步形成富有个性的语文学习方式；

（3）阅读优秀作品，品味语言，感受其思想、艺术魅力，发展想象力和审美力；

（4）根据自己的目标，选读经典名著和其他优秀读物，与文本展开对话，领悟其丰富内涵，探讨人生价值和时代精神，增强民族使命感和社会责任感；

（5）能在生活中和其他领域的学习中，正确、熟练、有效地运用语文；

（6）掌握口语、书面语交际的规范和基本能力；

（7）通过阅读和思考，吸收中外古今优秀文化的营养，逐步形成自己的思想、行为准则，树立积极向上的人生理想，形成正确的世界观、人生观和价值观；

（8）继续提高观察、感受、分析、判断能力，重点关注思考问题的深度和广度，发展探究能力；

（9）通过选修课程，促进特长和个性的发展，根据需要和可能，在自己喜爱的领域有所发展。

作为基础学科，语文课程注重培养"正确、熟练、有效地运用语文"的知识和技能；并且注重跨领域的学习，在生活中和其他领域的学习中提高语文综合应用能力。作为高考考试科目，语文试卷满分值为150分。学好语文，有助于同学们提高学习的能力，有助于学好其他各学科，为升入高等学府继续深造打好基础。

（二）大学相关专业

1. 中国语言文学类专业（简称中文系）招生介绍

在2012年教育部新版《普通高等学校本科专业目录》中，中国语言文学类包含了汉语言文学、汉语言、汉语国际教育（原对外汉语专业）、中国少数民族语言文学、古典文献学、应用语言学（T）、秘书学（T）7个专业。（T为特设专业）

据统计，目前全国开设中文专业的院校多达600所。教育部招生"阳光工程"制定信息平台"阳光高考网"显示，北京大学、清华大学、中国人民大学、复旦大学、北京师范大学、南京大学、浙江大学等高等院校本科一批、本科二批、本科三批都招收本专业。这些招生院校中，既有知名学府，也有师范类院校，还有语言类院校。

各校的中国语言文学类专业设置具体专业不尽相同，主要有以下专业：秘书学专业、汉语言文学专业、中国古典文献学专业、中国古代文学专业、戏剧戏曲学专业、比较文学与世界文学专业、中国现当代文学专业、汉语言文字学专业、语言学及应用语言学专业、文艺学专业，等等。

关于以上相关大学的招生规模和历年录取分数等，同学们可以到"阳光高考网"http://gaokao.chsi.com.cn/查询。

2. 中国语言文学类专业的学习内容

中国语言文学类专业尽管设置的具体专业不尽相同，但主要课程比较相同，有如下课程：文学概论、语言学概论、现代汉语、古代汉语、中国古代文学史、中国现代文学史、中国当代文学史、外国文学史、比较文学等。不同专业的具体课程有所侧重，比如汉语言类的课程有文字学、训诂学、音韵学等。汉语国际教育（对外汉语）类的课程有英语系列课程、中外文化交流史等。

3. 中国语言文学类专业就业前景

中国语言文学类专业毕业生就业范围比较宽泛，可以多元化选择。就业去向主要有党政机关、各类企业事业单位、新闻媒体单位、出版单位、广告公司、各级教学和

科研机构单位等，从事的职业有记者、编辑、教师、秘书、文案、策划、宣传人员和管理人员等。

从2012年以后，中国语言文学类专业毕业后就业率分布在80%~90%。随着就业形势日益严峻，毕业生的职业选择与专业相关性较低，毕业后，从事与专业对口职业的学生甚至不到一半。本科毕业后是继续深造还是步入工作岗位主要看个人意愿。如果对中文专业有浓厚的兴趣，希望日后从事这一领域及与之相关的教学、科研工作，最好能继续读研，之后可以选择去初、高中担任语文教师；或者在大学中文系、新闻系任教。如果打算本科毕业后直接就业，可以考虑选修一些实务课程，如应用写作、秘书学、公共关系等，还可以跨专业选修新闻、经济、法学等课程，成为复合型人才。

二、学习要点及能力要求

高中语文课程学习内容主要包括现代文阅读、语文基础知识的掌握和应用、古诗文阅读和写作四大方面。具体要求如下。

1. 现代文阅读

能根据不同的阅读目的，针对阅读材料特点，灵活运用恰当的阅读方法，阅读具有一定长度的论述类、实用类、文学类等多种文本。

（1）能理解和解释文中重要词语、句子。

（2）能分析和筛选文中信息。

（3）理解文本内容，梳理和分析作者思路，理解、分析和概括作者思想感情、观点态度。

（4）能够鉴赏文学作品语言、表现手法和艺术形象；把握和评价文学作品思想内容、作者情感。

（5）从不同角度和层面对文本内容或形式进行体察、阐发与评价；基于知识积累和生活经验对文本意蕴进行思考、领悟与阐释。

2. 语文基础知识的掌握和应用

掌握语文基础知识，具备较强的语文运用能力，具体能力包括：

（1）识记现代汉语普通话字音，识记、理解和运用词语。

（2）准确、简明、连贯、得体地表达语言。

（3）会运用常见修辞方法，使用标点符号。

（4）了解中外重要作家和作品的基本常识，了解文学体裁的基本常识。

3. 古诗文阅读

能阅读浅易的文言文和古典诗歌。

（1）理解常见文言实词、虚词在文中含义和用法，理解常见的文言句式。

（2）理解、归纳和概括文本内容；分析和概括作者观点。

（3）理解古典诗歌内容和体察作者情感；鉴赏古典诗歌语言、表达技巧和意境。

(4) 识记和理解名句名篇。

4. 写作

(1) 微写作：能用精练的语言描述事物、表达观点、抒发情感。

(2) 作文：能写不少于 700 字的论述类、实用类的文章，也可以写文学类作品。要求符合题目要求、内容充实、中心明确、表达顺畅、结构完整、书写规范，提倡写思想深刻、选材新颖、想象力丰富、有文采的文章，鼓励有个性、有创意的表达。

三、学习方法建议

1. 多读书，勤练笔

多读书，广泛阅读古今中外文学方面的经典作品。勤练笔，经常有意识地练笔，提高写作能力。"读书破万卷，下笔如有神"，学好语文，唯有多读、多写，这是最重要的学习方法。

2. 多参加语文实践活动

建议多参加社会实践活动，选择语文方面的研究性学习课题，参加文学社团等，在各种实践中锻炼自己的社交能力，组织宣传、语文应用能力。还可以利用假期空闲时间，做一些兼职或参加社会实践活动，积累社会经验，逐步认识自己学习语文的潜能和倾向，从而为选择未来专业、走向奠定基础。

3. 综合素质评价中凸显自己的语文专长

综合素质评价平台是展现个人学科专长的平台，建议同学们能够把体现自己语文学科特长的有关研究性学习成果、自己发表的小文，以及参加过的社会实践活动、文学社团等都展现在综合素质评价平台上。

第二节 高中数学课程指导

高中数学分为必修、选修两类，其中必修包括 5 个模块，选修包括 4 个系列。普通高中数学课程是义务教育后普通高级中学的一门主要课程，它包含了数学中最基本的内容，是培养公民素质的基础课程。它有助于学生形成科学的世界观、价值观，为学生的终身发展奠定坚实的基础。

一、学科价值与相关专业走向

（一）学科价值

高中数学学科价值是培养未来公民所需要的数学素养，以满足个人发展与社会进步的需要。主要体现在：

（1）获得必要的数学基础知识和基本技能，理解基本的数学概念、数学结论的本质，了解概念、结论等产生的背景，应用、体会其中所蕴含的数学思想和方法，以及它们在后续学习中的作用。通过不同形式的自主学习、探究活动体验数学发现和创造的历程。

（2）提高空间想象、抽象概括、推理论证、运算求解、数据处理等基本能力。

（3）提高用数学思维提出、分析和解决问题（包括实际应用问题）的能力，数学表达和交流的能力，发展独立获取数学知识的能力。

（4）发展数学应用意识和创新意识，力求对现实世界中蕴含的一些数学模式进行思考和做出判断。

（5）提高学习数学的兴趣，树立学好数学的信心，形成锲而不舍的钻研精神和科学态度。

（6）具有一定的数学视野，逐步认识数学的应用价值、科学价值和文化价值，形成批判性的思维习惯，崇尚数学的理性精神，体会数学的美学意义，从而进一步树立辩证唯物主义和历史唯物主义世界观。

（二）大学相关专业

数学类的专业主要有三个：数学专业、数学与应用数学专业、信息与计算科学专业。

数学的重要性在于它是基础学科，能培养学生的思维能力，是学好其他所有学科的基础，其重要性毋庸置疑！

二、学习要点及能力要求

高中数学课程分为必修课程和选修课程两部分，由若干模块和专题组成。

（一）必修课程内容的设置

高中数学必修课程包括5个模块，具体内容见表2.1。

表2.1 高中数学必修课5个模块包括的内容

数学1	数学2	数学3	数学4	数学5
集合	立体几何初步	算法初步	三角函数	解三角形
函数概念	平面解析几何初步	统计	平面上的向量	数列
指数函数、对数函数、幂函数		概率	三角恒等变换	不等式

（二）选修课程内容的设置

选修课程分为4个系列（见表2.2）。选修系列1是为准备在人文、社会科学方面发展的学生设置的；选修系列2是为准备在理工、经济方面发展的学生设置的。这两个选修系列，同样是基础内容，学生可以根据自己的发展志向，做出选择。旨在为学生进一步学习、获得较高数学修养奠定基础;满足学生的兴趣和对未来发展的愿望;给将来发展方向不同的学生提供更宽泛、更进一步的基础。

选修系列 3 和选修系列 4 课程是为所有对数学有兴趣和希望进一步提高数学素养的学生而设置的。将选修系列 3 和选修系列 4 的内容引入高中数学课程,不是简化下放,而是抓住这些数学内容的精髓,把它们的基本思想介绍给高中学生;同时,让学生在已学过的数学内容的基础上,进一步加深对已学知识和相关知识的理解。为学生的进一步发展奠定基础。更加方便学生按照自己的意愿来规划个人的进一步发展,为不同发展方向的学生提供不同的基础。

表 2.2　高中数学选修课系列、模块与专题

选修 1（共 2 模块）	选修 2（共 3 模块）	选修 3（共 6 专题）	选修 4（共 10 专题）
常用逻辑用语,圆锥曲线与方程,导数及其应用	常用逻辑用语,圆锥曲线与方程,空间中的向量与立体几何	数学史选讲	几何证明选讲
统计案例,推理与证明,数系扩充与复数的引入,框图	导数及其应用,推理与证明,数系扩充与复数的引入	信息安全与密码	矩阵与变换
	计数原理,统计案例,概率	球面上的几何	数列与差分
		对称与群	坐标系与参数方程
		欧拉公式与闭曲面分类	不等式选讲
		三等分角与数域扩充	初等数论初步
			优选法与试验设计初步
			统筹法与图论初步
			风险与决策
			开关电路与布尔代数

三、学习方法建议

1. 夯实基础,对基本知识、基本方法、基本技能了如指掌

基本知识是一切问题的源泉,只有熟练掌握,才能植根于沃土中,立于不败之地,否则将成为无根之本,无源之水,即使有成绩也是不稳定的,甚至成为空中楼阁。而高考中有很多题目来源于基本知识。因此,重视课本基本知识及它们的含义、应用及所反映出来的数学思想和方法至关重要。它能使你将复杂问题转化为简单问题,会使你思维敏捷、文思泉涌。

2. 动手和动脑相结合,不断完善提高动手能力和思维能力

不动手和不动脑是两种懒惰的学习办法。只做题而不动脑就会陷入题海中难以自

拔，而只动脑不动手就会理论脱离实际，可行性差，成为"语言的巨人，行动上的矮子"，长时间不实践，只是看想，手就会生，做题就会慢，丢三落四不规范，不严密，准确率也差，只有又动脑又动手，才能理论水平高，对题的本质认识清楚，并且可行性高、笔笔生分，效果好。

3. 从薄弱环节入手，有的放矢地提高自己

每个学生在学习时都有自己的不足，知道不足就应该努力去弥补、完善。要多看一些与这些知识相关的内容，把相关问题集中起来突破研究；纠好错，根据错进行训练、思考；每天做几道薄弱环节方面的题，坚持下去，切不可抱着侥幸心理："万一高考不考这些内容呢？"阿Q的精神胜利法毕竟不是对付高考的武器，只有在薄弱环节上多下功夫，你的数学成绩才会提高。

4. 勇于共鸣、质疑和争论，使你熟练、敏捷

聪明的学生总是能善于学习老师或别人的长处。课堂或讨论时勇于发言，勇于共鸣，加深印象，激发出自己的积极性及对共性东西的认识；勇于和敢于质疑和争论，换个角度想一想，就会消除疑点，问题就更加熟悉和明了。共鸣和质疑是巩固和提高的两个有力武器，坚持下去，就会有锐气，有创造性，解决问题的能力就会进一步提高，虎虎生威。

共鸣和质疑时要动脑筋，不可人云亦云、鹦鹉学舌，也不可怀疑一切，否定一切，不动脑就问，把希望寄托在别人讲解和反驳上，要提出独到见解，带着问题上课，钻研后质疑。

5. 自我学习模式的搭建

高中数学仅靠老师是学不会的，要在老师的引导下，依靠学生自主的思维活动去探究。要学好高中数学，就需调整心态，积极主动地参与学习，培养独立思考、探索创新的精神；对学习中遇到的困难和挫折，要不气馁，力求克服；在学习过程中，要加强数学规律认知，善于多向思维，主动找寻问题，加强知识体系的内在相关性探讨，质疑、突破定式思维，多开展一题多解、变式训练，多角度思考问题，深挖知识的潜在层面。

6. 针对性学习措施制定

第一，做好高中数学笔记。高中数学的学习过程是一个对数学思维的探索、整合过程，学生要记录下本章最有价值的数学思想、方法或例题，以及那些悬而未决的问题，便于日后查找翻阅、构建联系、延伸拓展。

第二，建立数学纠错本。将容易出现错误的知识、推理以及常见的问题陷阱做详细记录，不被同一类题目绊倒两次。尽力做到：找错、析错、改错、防错系统化。

第三，熟记数学规律及数学结论，将自己的日常运算技能达到熟练程度；周期性对知识结构进行梳理，构建板块意识；进行习题类化总结，举一反三，使多种相关问题归集于同一知识方法。

第四，多做题后"反思"，思考题目与基础知识的联系、解题思想是什么。

第五，进行课外拓展。课外多阅读数学书报，参加数学活动与讲座，加大自学力度，拓展数学知识层面。

第三节 高中英语课程指导

高中英语是高考必考科目，对学生综合素质的发展具有重要作用。随着全球化进程的发展，学好英语已经成为每个人的基本素养。

一、学科价值与相关专业走向

（一）学科价值

高中英语课程既是提高学生英语语言运用能力的课程，也是培养学生综合人文素养的重要课程。它对学生的具体价值体现在以下五个方面：

（1）提升能力：高中英语课程的任务是使学生在义务教育阶段英语学习的基础上，进一步明确英语学习的目的，发展自主学习和合作学习的能力；在进一步发展综合语言运用能力的同时，着重提高用英语获取信息、处理信息、分析问题和解决问题的能力，特别注重提高学生用英语进行思维和表达的能力。

（2）开阔视野：高中英语课程应有利于学生进一步拓宽国际视野和增强爱国主义精神和民族使命感，为他们未来发展和终身学习奠定良好的基础。

（3）发展个性：高中英语课程根据学生的个性特征和发展需求，为他们提供丰富的选择机会和充分的表现空间。

（4）陶冶情操：学生通过阅读英文美文与名著，体会语言的魅力，进而增强文学修养，陶冶情操。

（5）学以致用：学生可以将课堂所学运用到与外国友人的实际交往当中，无论是游学、接待外国朋友或是观看收听国际新闻、上英文网站浏览都有助于学生的学以致用。

（二）相关专业走向

1. 英语专业详解

本专业培养具有扎实的英语语言基础和比较广泛的科学文化知识，能在外事、经贸、文化、新闻出版、教育、科研、旅游等部门从事翻译、研究、教学、管理工作的英语高级专门人才。修业年限：4年；授予学位：文学学士学位。

主要课程：基础英语、高级英语、报刊选读、视听、口语、英语写作、翻译理论与实践、语言理论、语言学概论、主要英语国家文学史及文学作品选读、主要英语国

家国情。

本专业录取分数较高的高校为：北京外国语大学、北京大学、对外经济贸易大学、上海外国语大学、外交学院、中国人民大学等。

2. 就业前景概述

随着世界经济的全球化和我国对外开放程度的扩大，与外国机构及人员交流的机会越来越频繁，对外语类人才的需求也越来越大。可以说，英语专业涉及面宽泛，就业面也广，毕业生的机会较多。但同时，随着外语教育逐渐普及，人们学外语的意识不断提高，很多企业家或管理者已有外语技能，对纯粹学外语的人才需求大大减少。同时，现在非外语专业学生的英语水平不断提高，也对外语专业学生形成强烈冲击。这是同学们在选择专业时要考虑到的。

英语专业高考文理科比例：理科29%，文科71%；男女生比例：男生14%，女生86%。近几年全国就业率区间：2012年为85%~90%；2013年为85%~90%（数据统计截止日期：2013年12月30日）。毕业生就业率大致为87.8%，就业对口度较高。

英语专业的毕业生能在国家机关、外事、外贸、外企、各类涉外金融机构、商务管理公司、专业翻译机构、出版、新闻、旅游、高级宾馆酒店等部门，承担商务管理、商务翻译、外贸洽谈、经贸文秘、英语编辑、英语记者、驻外商务代理、涉外公关、涉外导游等方面工作；也可在中学、中专、职高、技校和英语语言培训中心、大中专院校及科研部门等从事教学和科研工作。商务英语的毕业生适合于涉外机构、外商投资企业、跨国公司、金融国贸等单位的文秘、翻译、业务人员或行政管理人员等工作，同时也适合于各级政府涉外部门、各类外向型企业或公司以及银行、保险、海关、边防、高等院校及科研部门等工作。

二、学习要点及能力要求

《北京市中小学英语学科教学改进意见》中指出，普通高中按照六级、七级目标进行教学，高中阶段各类测试不得超过七级目标要求。以下就是七级目标中对高中学生语言技能及语言知识的要求。语言技能包括听、说、读、写四个方面的技能以及这四种技能的综合运用能力。

1. 对听的要求

（1）能识别语段中的重要信息并进行简单的推断；

（2）能听懂操作性指令，并能根据要求和指令完成任务；

（3）能听懂正常语速听力材料中对人和物的描写、情节发展及结果；

（4）能听懂有关熟悉话题的谈话并抓住要点；

（5）能听懂熟悉话题的内容，识别不同语气所表达的不同态度。

2. 对说的要求

（1）能在日常交际中对一般的询问和要求做出恰当的反应；

(2) 能根据熟悉的话题，稍做准备后，有条理地作简短的发言；
(3) 能就一般性话题进行讨论；
(4) 能根据话题要求，与人交流、合作，共同完成任务；
(5) 能用恰当的语调和节奏表达意图。

3. 对读的要求
(1) 能从一般性文章中获取和处理主要信息；
(2) 能理解文章主旨、作者意图；
(3) 能通过上下文克服生词困难，理解语篇意义；
(4) 能通过文章中的线索，进行推理；
(5) 能根据需要从网络等资源中获取信息；
(6) 能阅读适合高中生的英语报纸、杂志；
(7) 除教材外，课外阅读量应累计达到 25 万词以上。

4. 对写的要求
(1) 能用文字及图表提供信息并进行简单描述；
(2) 能写出常见体裁的应用文，如信函和事物通知等；
(3) 能描述人物或事件，并进行简单的评论；
(4) 能填写有关个人情况的表格，如申请表等；
(5) 能以小组形式根据课文改编短剧。

高中学生应该学习和掌握的英语语言基础知识包括语音、词汇、语法、功能和话题五个方面的内容。

三、学习方法建议

《普通高中英语课程标准》特别强调"高中英语教学要鼓励学生通过积极尝试、自我探究、自我发现和主动实践的学习方式，形成具有高中生特点的英语学习过程与方法。"在这一理念的指导下，高中英语学习应注意以下几个方面：

1. 抓好课前预习
(1) 找出该单元的中心话题，即该单元的中心内容；
(2) 明确本单元的知识要点；
(3) 找出本单元的疑难点。

2. 提高课堂效率
(1) 认真聆听老师的讲解，带着问题听课；
(2) 把握住老师讲课的思路、重点、要点；
(3) 养成边听讲、边思考、边总结、边记忆的习惯，力争当堂消化、巩固知识；
(4) 积极、踊跃参与课堂教学，积极、主动回答老师提问，与同学合作交流。

3. 加强课后复习与知识扩充
（1）复习是预习和上课的继续；
（2）在运用知识的过程中，使知识融会贯通，举一反三；
（3）复习是克服遗忘的最有效的方法。
（4）利用多种渠道资源查找信息与材料。
4. 独立完成作业
（1）检查课堂上学习的效果；
（2）加深对知识的理解和记忆；
（3）提高思维和表达的能力；
（4）为理解复习记忆积累资料。
5. 参与课外活动

重视课外学习，包括主动进行课外阅读，积极参加社会英语活动等，"课内打基础，课外显才干"。在主动实践的过程中应用语言，提高语言的综合运用能力。

第四节 高中物理课程指导

高中物理是普通高中科学学习领域的一门基础课程，与九年义务教育物理或科学课程相衔接，旨在进一步提高全体高中学生的科学素养。

高中物理课程有助于学生继续学习基本的物理知识与技能；体验科学探究过程，了解科学研究方法；增强创新意识和实践能力，发展探索自然、理解自然的兴趣与热情；认识物理学对科技进步以及文化、经济和社会发展的影响；为终身发展、形成科学世界观和科学价值观打下基础。❶

一、学科价值与相关专业走向

（一）学科价值

高中物理课对同学们的具体价值在于以下三个方面。

1. 科学能力

能领略自然界的奇妙与和谐，保持好奇心与求知欲，乐于探究自然界的奥秘，能体验探索自然规律的艰辛与喜悦。有参与科技活动的热情，有将物理知识应用于生活和生产实践的意识，勇于探究与日常生活有关的物理学问题。

2. 科学精神

具有敢于坚持真理、勇于创新和实事求是的科学态度和科学精神，具有判断大众

---

❶ 教育部《全日制高级中学物理课程标准》（2012 年修订）。

传媒有关信息是否科学可靠的意识。有主动与他人合作的精神,有将自己的见解与他人交流的愿望,敢于坚持正确观点,勇于修正错误,具有团队精神。

3. 有利于继续深造

物理学科对学生的综合能力有极高的要求,学好物理有利于同学们在大学继续深造。《杭州日报》公布了一则新闻:浙江省 2017 年高考选考科目要求公布,各高校招生专业(类)中提出科目要求最多的是物理(如图 2.1 所示)。

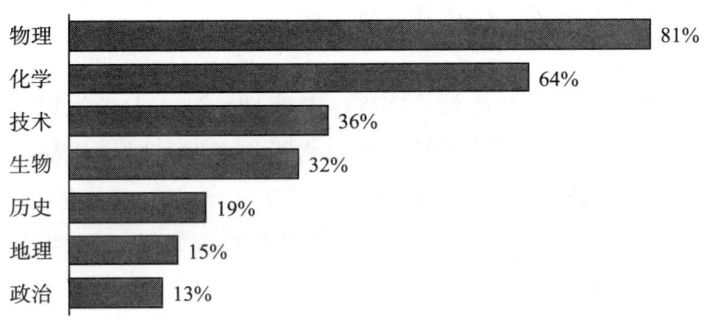

图 2.1　各校提出科目要求的专业(类)中

(二) 大学相关专业

1. 物理学专业招生介绍

在高校专业中,与高中物理有关的专业有 42 个,占 32.6%(据 2014 年高校专业详解与选择指南)。如天文学、应用气象学、教育技术、机械设计制造及其自动化、机械制造及自动化、材料成型与控制工程、过程装备与控制工程、车辆工程、工业设计、汽车运用工程、船舶与海洋工程、热能与动力工程、农业机械化及其自动化、农业建筑环境与能源工程、电子信息科学与技术、电气工程及其自动化、测控技术与仪器自动化、通信工程、电子信息工程、信息工程(光电信息工程)、计算机科学与技术、理科实验班(信息技术)、土木工程(民用建筑)、建筑环境与设备工程、给水与排水工程、港口航道与海岸工程、水利水电工程、工程力学、安全工程、包装工程、航天类、飞行器设计与工程(航天类)、飞行器动力工程、飞行器环境与生命保障、探测制导与控制技术、适航技术与管理、农业水利工程、水文与水资源工程、工程管理、农业工程、勘察技术与工程。

我国大部分高校都设有物理学专业,如清华大学物理系、北京大学物理系、中科大的物理专业、上海交通大学物理系、西安交通大学的理学院物理专业、北京科技大学物理专业、中科院物理所,等等。国际上最著名的学府如美国麻省理工学院、美国宾夕法尼亚大学、英国剑桥大学、日本的东京大学等都设有物理专业,主要研究的课题包括核技术,宇航技术,固体物理,凝聚态物理,声、光、电学的基础开发和应用等。

2. 物理学专业的学习内容及就业前景

因与物理学科相关的专业较多,现仅举以下专业为例介绍相关学习内容及就业前景。

（1）应用物理专业。

主要课程：高等数学、普通物理学、数学物理方法、理论力学、热力学与统计物理、电动力学、量子力学、固体物理学、结构和物性、计算物理学入门等。

就业前景：毕业生既具有从事基础科学研究的基础知识，也具有在应用物理技术、电子信息技术等领域从事高科技开发的实际业务能力，适合在工业、交通、邮电、金融、商业等行业从事科技开发、生产和管理工作。

（2）机械类。

主要课程：高等数学、线性代数、概率论与数理统计、大学物理、大学物理实验、普通化学及实验、工程图学、理论力学、材料力学、电路基础、机械原理、机械零件、电子技术、互换性与技术测量、工程材料、金属工艺学、测试与传感技术、制造技术基础、液压与气动技术、机电传动控制、机械工程综合实验、微机原理与结构技术、CAD/CAM、单片机原理及应用。

就业前景：从事机械设计与制造加工工艺规程的编制与实施工作；从事工艺工装的设计、制造工作；从事数控机床、加工中心等高智能设备的编程及操作工作；在高等学校、科研机构和国家机关从事教学、科研和行政管理工作。

（3）车辆工程专业。

主要课程：数学、力学、计算机等基础知识；汽车结构、汽车理论、汽车设计、汽车发动机原理、汽车电控技术等专业知识；汽车贸易、企业管理、技术经济学等相关知识。

就业前景：培养从事与汽车工程有关的设计、制造、实验、运用、研究与汽车营销，以及现代汽车企业设计及管理方面德智体全面发展的高级工程技术人才及管理人才。

（4）工程管理专业。

主要课程：管理学、经济学、应用统计学、运筹学、会计学、财务管理、工程经济学、组织行为学、市场学、计算机应用、经济法、工程项目管理、工程估价、合同管理、房地产开发与经营、工程项目融资、土木工程概论、工程力学、工程结构。

就业前景：本专业培养具备管理学、经济学和土木工程技术基本知识，掌握现代工程管理科学理论、方法和手段，具备从事工程项目管理基本能力，能在国内外工程建设领域从事项目决策和全过程管理的复合型高级管理人才。

（5）电气信息类。

主要课程：电路原理、模拟电子技术、数字逻辑、数字分析、计算机原理、微型计算机技术、计算机系统结构、计算机网络、高级语言、汇编语言、数据结构、操作系统等。

就业前景：能在科研部门、教育单位、企事业单位及技术和行政管理部门等从事计算机教学、科学研究和应用的计算机科学与技术学科的高级专门科学技术人才。

二、学习要点及能力要求

高中物理课程在内容上精选终身学习必备的基础知识与技能，突出对理解能力、推理能力、实验能力、应用能力和探究能力这五种能力的培养。具体知识、能力要求如下：

高一第一学期的学习内容虽然与初中知识紧密联系，但知识要求明显提高，因此不能轻视，要重视了解和掌握高中学习生活的特点，做好初高中物理学习衔接工作，尽快适应高中学习的方法。

物理是一门实验学科，同学们要积极锻炼个人实验能力、思维能力以及在信息化环境中的自主学习、主动探究和持续发展的意识。

拓展个人在自然学科方面的认知水平，重视理论与实际的联系，加强合作与交流，合理对待竞争与合作。

科学合理地对自我的兴趣、能力、性格特征和价值观进行分析与评估，学会有效管理自己的情绪，学习和掌握应对压力的方法，提高承受挫折的能力，保持积极健康的心态。

以学科知识为载体，拓宽视野，结合个人实际情况制定可行的发展目标，体验发展自我的过程，树立积极的人生理想。

三、学习方法建议

1. 主动参与，提高个人基本技能

高中物理课程的设置情况和物理课的教学遵循由浅入深、循序渐进的特点，在每个学习环节，同学们要重视个人阅读、表达、观察的技能培养，对基本仪器和器材的使用也要做到一丝不苟，认真准确完成。

2. 勤于思考，形成良好学习习惯

物理指事物的内在规律、事物的道理，是研究物质（质量）结构、物质相互作用和运动规律的自然科学，是一门以实验和观察为基础的自然科学。

学生具备良好的识记、理解和简单应用能力是学好物理的基础。在课内外的学习中都要求同学们能够有个人见解，并能主动与他人交流，形成良好学习习惯。

3. 追根溯源，重视概念规律学习

对物理概念、规律的认知活动伴随着整个高中物理学习的每一个阶段。还原每一个物理概念、规律的建构过程是教师的教学重点和难点，也是同学们学习的重点和难点。只有正确理解物理概念，掌握物理规律，才能寻求到解决物理问题的正确途径。

4. 尊重事实，要有敢于质疑的科学态度

物理是一门实验学科，同学们既要尊重实验事实，也要有敢于质疑的科学态度，这样才能不断提高个人发现问题和解决问题的能力。实验同时也是一个团队合作的内容，在集体中形成乐于交流、善于合作的团队意识和不断进取的创新精神，是很有必要的。

5. 应用与创新能力

物理是应用学科，同学们要能够把物理学原理与生产、生活实际联系，提升自己解决实际问题的能力。可以做一些物理方面的研究性学习课题，应用物理学原理创造性地解决现实生活中的问题。

第五节　高中化学课程指导

高中化学课程分为必修、选修两类，其中必修包括两个模块，选修包括六个模块。它在解决人类社会发展过程中面临的有关问题、提高人类的生活质量、促进人与自然和谐相处等方面发挥着重要作用。

一、学科价值与相关专业走向

（一）学科价值

化学学科的价值主要体现在：奠定科学素养基础，提供独特的认识物质世界的视角，完善理性思维的结构，形成基本的化学观念。高中化学课程对同学们的具体价值在于以下八个方面。

（1）体验探究：通过以化学实验为主的多种探究活动，探究物质变化的奥秘，体验科学研究的艰辛和喜悦，感受化学世界的奇妙与和谐，培养创新精神和实践能力。

（2）本源思考：化学是在分子和原子的水平上研究物质，它通过探索那些肉眼看不到的粒子——原子、分子等的特征和行为来引导人们认识整个物质世界。不论是从微观粒子的角度去解释宏观现象，还是从现象产生的原因去控制现象的发生，这种从本源去思考问题的思维方式从不同程度上拓宽个人解决问题的思维，有助于理性地选择解决问题的合适方法。

（3）完善理性思维：化学理论的建立离不开理性的思维方法。而化学方法本身就包含着化学的研究方法与理性思维方法。化学方法的掌握和内化，有助于培养收集和处理信息的能力、获取新知识的能力、分析和解决问题的能力以及创新能力等。

（4）形成基本的化学观念：形成元素观、微粒观等超越具体化学知识的基本观念，这些基本的化学观念，是日后认识物质、做出相关判断的出发点与基本依据。

（5）健康生活：了解日常生活中常见物质的性质，探讨生活中常见的化学现象，体会化学对提高生活质量和保护环境的积极作用，逐步形成合理使用化学制品的意识，以及运用化学知识解决有关问题的能力。

（6）学以致用：联系生产实际，了解化学在资源利用、材料制造、工农业生产中的具体应用，感受到化学理论在实践中的指导意义，体验学以致用，在更加广阔的视野下，认识化学与技术进步和社会发展的关系。

（7）关注社会：关注环境问题，正确评价化学在人类文明发展进步的过程中的作用，形成科学的自然观和严谨求实的科学态度，更深刻地认识科学、技术和社会之间的相互关系，增强社会责任感和使命感。

（8）热爱科学：高中化学课程中有丰富的化学史内容，既有对影响世界科学进程的重大发明、发现的介绍，也有对化学家研究历程的简介。

（二）大学相关专业

1. 化学专业招生介绍

化学专业只招收理科生，国内700多所院校都有化学专业，考生的选择面广。对报考化学专业考生的要求、体检标准参照《普通高等学校招生体检工作指导意见》执行，且无色盲色弱。在平常的学习和生活中，同学们若存在下列倾向，可以考虑报考化学专业。

（1）对化学有浓厚的兴趣，乐于研究化学变化的原因，并探究其本质。

（2）乐于动手实验，有较强的实验设计和修改实验方案的能力，对于实验中出现的异常现象主动进行分析。

（3）喜欢了解化学某些领域的发展动态以及化学相关产业发展状况。

（4）对资源、材料、环境等方面极其关注，并有意做这方面的研究。

（5）在高中阶段参加过化学选修课、社会实践或社团。

（6）综合素质评价平台中能体现有化学方面的研究性学习成果。

2. 化学专业的学习内容

化学专业的主要课程有：无机化学、分析化学、有机化学、物理化学、结构化学、化学工程基础等。以上这些是化学专业开设的共同专业课，随着具体专业的细分，开设的专业课会有区别。

3. 化学专业就业前景

化学专业每年一次性就业率较高，就业包括教育、材料、军工、汽车、军队、电子、信息、环保、市政、建筑、建材、消防、化工、机械等行业。同学们可以从以下五个重要领域了解化学专业的就业前景。

（1）材料领域。

随着人们对不同材料要求的提高，功能材料的发展将会获得更多的机遇。尤其在制备特定用途的材料过程中，化学更将显示其强大的合成能力。

（2）精细化工。

这或许是化学最贴近生活的方面，而且也是很多化学工作者致力的领域。我们日常的牙膏、化妆品、洗衣粉等的研发均属于这个范围。很多大型企业，如高露洁、强生、联合利华、宝洁、欧莱雅、杜邦等都很愿意选择化学专业的同学。这个领域的人才需求量较大，每年都有不少化学专业的同学进入。

（3）生物领域。

21世纪是生命科学的时代，很多重大课题都是围绕生物展开的。如今的生物已经从宏观深入到微观，如何了解在分子层次发生的反应成为我们深入认知生命现象的关键，因为化学研究的对象就是分子和化学反应，所以化学在其中是中坚力量。具有良好化学背景的人可以在生物领域游刃有余。

（4）医药领域。

在人们健康要求日益提高的今天，开发新的药物是化学工作者的责任。随着有机化学的高速发展，人们在合成方面的技术大大提高，合成反应在化学选择性、区域选择性和立体选择性方面已能有效地使用，这些都为新药物的研究提供了机会。

（5）环境领域。

环境问题是当今世界的一大重要课题，环境监测和控制的人才备受重视，而这其中应用的核心技术则是分析化学。通过各种分析化学的手段了解环境问题的原因，同时提出解决方案。化学在这个领域会有更多的发展空间。

二、学习要点及能力要求

高中化学课程主要包括：元素化合物、化学基本概念、化学反应原理、有机化学、实验化学五个方面的内容。化学学习的能力要求如下。

（一）对化学思想方法的要求

化学思想方法是对化学知识在更高层次上的抽象和概括，它是反映化学学科规律和特点的哲学思想。在中学阶段，化学思想方法渗透在化学知识的学习中。比如"物质变化是有条件的；物质结构决定物质性质；化学与社会和谐发展；分类与比较；假说、模型与实验；以及定性与定量、宏观与微观、量变与质变、一般与特殊、分与合等相结合"的哲学方法始终贯穿于中学化学知识建立和应用的过程中，因此在化学知识的学习中，应注重对化学思想方法的学习和应用。

（二）对化学学习能力的要求

1. 接受、吸收、整合化学信息的能力

具有能够对中学化学基础知识融会贯通，有正确复述、再现和辨认的能力；

具有能够通过对实际事物、实验现象、实物、模型、图形、图表的观察，以及对自然界、社会、生产、生活中的化学现象的观察，获取有关的信息，并进行初步加工、吸收、有序存储的能力；

具有能够从试题提供的新信息中，准确地提取实质性内容，并经与已有知识块整合，重组为新知识块的能力。

2. 分析和解决（解答）化学问题的能力

具有能够将实际问题分解，通过运用相关的知识，采用分析和综合、比较和论证、归纳和演绎等方法，解决简单化学问题的能力；

具有能够将分析问题的过程和结论，用正确的化学术语及文字、模型、图形、图表等表达，并做出解释的能力。

3. 化学实验与科学探究能力

了解并初步实践化学实验研究的一般过程，掌握化学实验的基本方法和技能。

在解决简单化学问题的过程中，运用科学的方法，初步了解化学变化规律，并对化学现象提出科学合理的解释。

三、学习方法建议

化学学习除了具有与其他学科共通的方法外，还要特别注意以下三点。

1. 重视实验

化学是一门以实验和观察为基础的自然科学。对化学实验的观察不仅要知其然，更要知其所以然。在对实验的观察和分析中认识物质的组成、结构、性质、转化和反应规律。如表2.3 所示。

表2.3　化学实验内容示例

实验	宏观现象	微观分析	化学语言或符号解释
电解水	两电极均有气泡，阴、阳两极产生气体的体积比约为2:1	水电离产生 H^+ 和 OH^-，通电后二者分别向阴极和阳极移动并且得失电子，生成 H_2 和 O_2	阴极：$4H^+ +4e^- =2H_2\uparrow$ 阳极：$4OH^- -4e^- =O_2\uparrow +2H_2O$

2. 科学归纳

化学研究的物质类别多、反应多、知识点多，单独物质的学习感觉不难，一旦放在一起感觉很难，显得很乱。这就需要同学们注意归纳，掌握物质的共性和特性。比如无机物可以从类别、化合价、特性三个方面进行归纳。阶段性的复习归纳可以使知识对比化、网络化、体系化，使自己站在一个更高的角度去体会教材。

3. 错题积累

一个好的错题本是对学习最好的积淀，是不在一个地方摔倒两次的最好保证。

第六节　高中生物课程指导

高中生物课程是普通高中科学学习领域中的一个科目。高中生物课程将在义务教育基础上，进一步提高学生的生物科学素养。尤其是发展学生的科学探究能力，帮助学生理解生物科学、技术和社会的相互关系，增强学生对自然和社会的责任感，促进学生形成正确的世界观和价值观。❶

一、学科价值与相关专业走向

（一）学科价值

生物学教育的价值主要表现为以下五个方面。

1. 生物科学技术的生活实用价值

生物学对人类生活的实用价值是人类发展史上一个古老的话题，但在今天被赋予新的意义。例如，转基因技术、杂种优势在动植物育种中的广泛运用，生态住宅、生态旅游等新事物，在提高人们生活质量的同时，也在不断形成新的产业。在卫生保健方面，生存问题解决之后，人们更为关心生存质量问题，环境保护则需要生物科学提供基础性的研究成果，才能在人与自然之间找到合适的平衡点，从而保证可持续发展的实现。

2. 生物科学技术在影响人类的未来

20世纪后半叶，基因工程、细胞工程、胚胎工程等新的技术领域的开辟，使生物技术与信息技术、材料技术并列为当前最受关注的三大高新技术领域。世纪之交，DNA重组技术的广泛应用、人类基因组研究、脑科学研究等生物科学技术问题使人们强烈地感受到生物科学技术正在影响着人类的未来。

3. 生物学教育对基本科学素养培养的价值

生物学教育的目标定位在提高学生的生物科学素养，即对科学知识的理解，对科学过程与方法的理解，对科学、技术、社会三者关系的理解。通过生物学教育，学生可在这三个方面有所提高。

4. 生物学教育对人文精神培养的价值

当前科学的发展出现了自然科学与人文科学互相渗透和融合的趋势。例如，现代医学正从生物模式走向生物—心理—社会模式。对生物学教育而言，科学性与人文性的统一，可以使学生的抽象思维与形象思维能力协调发展，有利于培养学生的创新思维品质。

5. 生物学教育的审美育人价值

国家在教育方针中把"美"与"德智体"并列，作为国民素质发展的一个重要方面。从美的存在形态来说，生物科学充溢着自然美和科学美；从美的表现形态来说，生物科学中有优美、壮美等。丰富的美育因素显示了生物课程审美育人的价值。

---

❶ 教育部《普通高中生物课程标准》（实验）。

（二）大学相关专业

1. 生物学相关专业介绍

生物学是很多专业的基础，与生物学相关的专业大致可以分为理工类、农科类、医学类等。不同类别的学习侧重点不同。具体的内容同学们可到相应的大学网站上查询，下面以大家比较难以区分的理工类中的生物科学、生物技术、生物医学工程为例简单介绍一下。

生物科学主要学习生物科学方面的基本理论、基本知识，接受基础研究和应用基础研究方面的科学思维和科学研究训练，具有较好的科学素养及一定的教学和科研能力。

生物技术强调应用生物学的现代知识和技术，以获得产品或服务为目的，进行各种生物资源的开发、利用、研究，发展可能产业化的生物工艺。

生物医学工程专业以生物医学、电子技术和信息处理技术为依托的交叉学科，侧重于信息科学、计算机科学在生物医学领域中的应用，培养学生深入掌握电子技术、计算机技术、信息处理理论和实验技能。

2. 理工类生物学相关专业的学习内容

生物科学主要专业课程有：生物化学、细胞生物学、微生物学、遗传学、分子生物学、生态学、生理学、生物信息学、生物统计学、发育生物学等。

生物技术主要专业课程有：生物化学、微生物学、药理学、药物分析学、遗传学、分子生物学、细胞生物学、免疫学、植物组织培养、生化分离技术、基因工程、细胞工程等。

生物医学工程专业主要学习：医学图像处理、医用传感器、生理学、生理电子学、计算机组成原理、计算机网络、数据库原理及应用等技术基础课。

3. 理工类生物学相关专业的就业前景

生物科学专业主要培养高等学校中生物学教育工作者，毕业生还可到生物学研究机构从事科研工作。

生物技术专业主要培养生物技术应用型人才。毕业后可从事生物技术开发及企业管理工作，适应食品、保健品、制药、商检、环保等部门的研究与生产管理等方面的工作。

生物医学工程毕业生将从事生物医学工程领域中诊断、测试之新方法及新设备的发现、开发与研制，同时也能从事电子设备的维护、使用和计算机硬件、软件的开发及管理工作。

二、学习要点及能力要求

高中生物课程分为必修和选修两个部分，各包括 3 个模块。每个模块 36 学时、2 学分。对北京学生来说，除选修模块 2 以外，其余 5 个模块均为必学必考内容。

（一）学习要点具体要求

必修1"分子与细胞"选取了细胞生物学方面的最基本的知识，是学习其他模块的基础。内容包括细胞的分子组成，细胞的结构，细胞的代谢，细胞的增殖，细胞的分化、衰老和凋亡五部分。

必修2"遗传与进化"主要是从细胞水平和分子水平阐述生命的延续性；选取的现代生物进化理论和物种形成等知识，主要是阐明生物进化的过程和原因。

必修3"稳态与环境"包括植物的激素调节、动物生命活动的调节、人体的内环境与稳态、种群和群落、生态系统、生态环境的保护六部分。有助于学生了解系统分析的思想和方法，提高对生命系统与环境关系的认识。

选修1"生物技术实践"包括土壤微生物的利用、酶的应用、食品加工和现代生物技术四部分。这些实验中有的是使学生了解基本原理或获得基本知识的，有的是偏重于实际应用的。

选修2"生物科学与社会"包括生物科学与农业、生物科学与工业、生物科学与健康、生物科学与环境保护四部分。

选修3"现代生物科技专题"包括基因工程、克隆技术、胚胎工程、生物技术的安全性和伦理问题、生态工程五部分。可以开拓学生视野，增强科技意识，为进一步学习现代生物学奠定基础。

（二）具体能力要求

北京市高中会考对处于合格水平的能力要求是，学生应熟悉生物学探究的一般方法，具备基本的生物学实验操作技能，具备基本的搜集和处理信息的能力、获取新知识的能力；能在熟悉的情境中运用所学知识解决与生物学有关的简单问题，能够正确分析和评价简单的生物学实验方案。

三、学习方法建议

1. 要把生物课当作理科来学

很多同学初次接触生物学科的时候认为学习生物很简单，背背书就行了，而且在学习生物的过程中也是这么做的。如果你也这样来学习生物那就大错特错了，这会让你花费了很多的精力去学习，但仍然学不好，甚至连生物学科的大门都没进去。因为生物学科是科学学科，也就是理科，而理科的学习是讲究逻辑的，是讲究实证的。你不理解，不明白其中的道理，死记硬背是绝对不行的，所以，要把生物当理科来学习。

2. 要构建知识框架，厘清知识之间的纵横联系

生物学科是理科，但和物理、数学等理科不同的是，生物的知识点比较多，因此容易散乱。超市东西很多，为什么不乱？电脑里文件很多，为什么能很容易找到你需要的文件？这是因为它们都被分门别类地放好了。学习生物也要这样，同学们要注意

把握知识间的内在联系，形成知识的网络结构。

3. 要重视实验，尤其是探究实验

生物科学作为由众多生物学事实和理论组成的知识体系，是在人们不断探究不断实验的过程中逐步发展起来的，所以重视实验、重视探究过程是同学们认识生命世界，学习生物课程的有效方法之一。在这个过程中，你搜集和处理信息的能力、获取新知识的能力、批判性思维能力、分析和解决问题的能力、交流和合作的能力以及创新精神都将得到有效地提高。

4. 重视理论联系实际，关注社会热点

学以致用。学习的目的是为了应用，不是为了应付考试。生物科学与同学们的日常生活、医疗保健、环境保护等方面密切相关。尤其是在21世纪，生命科学越来越多地走进人们的生活，转基因产品、养生保健产品等成为人们关心的话题，你是否能理性地选择，一定程度上取决于你的生物科学知识和科学素养。当你应用所学的知识解决了生活中的问题时，你才能从中体会到学的乐趣和学的价值，而且也只有在解决问题的过程中灵活运用了所学的知识，你才真正学会了知识。所以，同学们要联系生活实际来学习生物科学。比如，在学习酶的知识时，要联系生活中我们用的加酶洗衣粉，为什么现在的洗衣粉要加酶？为何这样的洗衣粉在温水中洗涤去污效果会更好？

5. 要学会阅读教材

现在教学资源很丰富，多媒体技术很先进，上课时有图片、有音像、有动画等，对你理解某些知识提供了很大帮助，但下课后呢，留在你脑子里的都剩什么？因此希望同学们要学会阅读教材，你可以课前阅读，也可以课后阅读，这会有助于你形成一个较完整和系统的知识体系。

第七节　高中地理课程指导

地理课程分为必修和选修两类，其中必修包括必修一自然地理、必修二人文地理和必修三区域整理，选修包括选修三旅游地理和选修五灾害地理，选修是学习文科的学生高二学习内容。地理学是研究地理环境以及人类活动与地理环境相互关系的科学。它具有两个显著的特点：第一，综合性。地理环境由大气圈、水圈、岩石圈、生物圈等圈层构成，是地球表层各种自然要素、人文要素有机组合而成的复杂系统。地理学兼有自然科学与社会科学的性质。第二，地域性。地理学不仅研究地理事物的空间分布和空间结构，而且阐明地理事物的空间差异和空间联系，并致力于揭示地理事物的空间运动、空间演变的规律。地理学在现代科学体系中占有重要地位，在解决当代人口、资源、环境和发展等问题中具有重要作用。

一、学科价值与相关专业走向

（一）学科价值

1. 有利于学生完善科学文化基础知识体系

学生通过地理学科所获得丰富多彩的地理知识、观察观测技能、实验制作技能以及有关地理图表解读填绘的技能。这些知识技能，便于沟通横向学科领域，促进相邻学科的学习，也是学生正在构建的现代科学文化基础知识体系的有机组成部分，它们为学生深入学习地理和其他学科奠定了基础。

2. 有利于学生学会地理思维，增强终身学习能力

地理思维是在深刻理解地理学科具有综合性、空间性特点的基础上，运用地理概念、判断和推理，感知、认识人与地理环境相互关系的过程。学会地理思维的核心，就是能够把握地理事物和地理现象空间性的完整内涵，逐步提高整体认识地理环境的综合思维能力。学会地理思维的人，善于收集、筛选和分析地理信息资料，懂得存在于地理环境中的地理现象是在自然和人文等多要素综合影响下形成和变化的。

3. 有利于学生树立环境伦理观念，为实现可持续发展而行动

地理教育引导学生树立正确的环境观念，意味着能够从整体认识地理环境，既重视环境的物质价值、经济价值，也关心环境的精神文化价值和情感审美价值；树立正确的环境观念，意味着能够认识到环境问题正在危害整个人类的安全、生存和秩序，并自觉调控自身的行为以适应人与环境的可持续发展。

4. 有利于学生强化全球意识，塑造适应新世纪的人格品德

地理学科为培养并强化学生的全球意识提供了丰富而又生动的素材。在展现全球不同地域的自然地理环境结构和特征以及与其相关的不同民族之间文化、文明、价值观和生活方式的过程中，地理学科引导学生突破特定的国家、地区的界线，超越不同的社会文化背景，从全球范围和世界各国相互依存的方面去认识和把握世界现实，并将本国家、本地区、本部门，置于国际大背景下来加以分析和考察，从中学会理解和欣赏、宽容和尊重、关心和负责、交流和交往、参与和合作。

（二）大学相关专业

1. 地理学专业招生介绍

本专业培养具备地理科学的基本理论、基本知识和基本技能，受到基础研究、应用基础研究方面的科学思维和科学实验的训练，具有较好的科学素养，掌握运用地图遥感及地理信息系统与资源环境实验分析的基本技能并具有初步的教学、研究、开发和管理能力，能在科研机构、学校、企业从事科研、教学、管理、规划与开发及在行政部门从事管理工作的高级专门人才。

截止到 2013 年，招收文科生占 41%，招收理科生占 59%。

教育部招生"阳光工程"制定信息平台"阳光高考网"显示，北京大学、北京师范大学、南京大学、兰州大学、华东师范大学、南京师范大学、中山大学、陕西师范大学等 50 所高等院校招收本专业。

关于以上相关大学的招生规模和历年录取分数等，准备参加高考的考生可以到"阳光高考网"http：//gaokao.chsi.com.cn/查询。

新高考政策下报考地理学专业的学生，建议做好以下准备：

对地理学科有浓厚的兴趣，平时加强地理方面的课外阅读。

喜欢旅游，多看旅游类杂志和文章。

预计需要选考地理学科的学生，在高中阶段最好参加地理教育活动课的学习，综合素质评价平台中能体现有地理方面的研究性学习成果。

2. 地理学专业的学习内容

主要课程：自然地理学、现代地貌学、环境演变、经济地理学、人文地理学、计量地理学、测量地图学、地理信息系统、区域地理等。

实践教学包括室内与野外实习、生产实习和毕业论文，一般安排 10～12 周。主要专业实验：地质学实验、地貌学实验。

相近专业：资源环境与城乡规划管理、地理信息系统。

3. 地理学专业就业前景

目前国内有 50 多所高校设置了地理科学专业，其中主要是师范院校。就现在来讲，地理科学专业的毕业生就业范围还是比较广的，毕业后从事的工作有地理教师、工程测绘人员、在地图出版社担任编辑、公务员以及各类研究人员等。调查显示，地理科学专业毕业生中，83% 的学生在毕业之前或刚刚毕业时找到工作，16% 的学生在毕业 1 年以后实现就业。按照 10 分制进行计算，该专业的应届就业率指数为 8.40，与其他专业相比，应届就业率指数属于中等偏上，就业前景比较广阔。

其行业发展偏重于：

第一，维护充足的自然资源的供给依然是地理科学为社会经济发展服务的主要功能；第二，评价如何解救环境与地球变化的效应是当代和今后一段时期内地理科学的主要任务之一；第三，减轻自然灾害正成为地理学家重要的任务；第四，为国家经济社会发展宏观决策服务也成为地理科学的重点发展方向之一。

与之相应，以下部门将成为地理科学的职业热点：大陆动力学、矿产资源的勘探与综合利用、油气资源的开发基础理论、重大工程与环境相互作用、全球变化、自然灾害与减灾科技、地球物质与地球化学循环、地球内部资源与成矿、古生物与古人类、地理与社会经济的可持续发展战略，这些相应的职业将成为需求人才较多的部门。可见地理学科的发展主要着眼于国民经济的建设需要，凡是科学理论与实际结合紧密的行业将得到长足的发展。同时，地理科学在国民经济生产部门的需求量进一步拓展，就业范围也将进一步扩大。

二、学习要点及能力要求

地理课主要涉及自然地理、人文地理、中国地理、世界地理四个方面的内容。具体知识、能力要求如下：

1. 培养未来公民必备的地理素养

设计具有时代性和基础性的高中地理课程，提供未来公民必备的地理知识，增强学生的地理学习能力和生存能力。关注人口、资源、环境和区域发展等问题，以利于学生正确认识人地关系，形成可持续发展的观念，珍爱地球，善待环境。

2. 满足学生不同的地理学习需要

建立富有多样性、选择性的高中地理课程，满足学生探索自然奥秘、认识社会生活环境、掌握现代地理科学技术方法等不同学习需要。

3. 重视对地理问题的探究

倡导自主学习、合作学习和探究学习，开展地理观测、地理考察、地理实验、地理调查和地理专题研究等实践活动。

4. 强调信息技术在地理学习中的应用

充分考虑信息技术对地理教学的影响，营造有利于学生形成地理信息意识和能力的教学环境。

5. 注重学习过程评价和学习结果评价的结合

重视反映学生发展状况的过程性评价，实现评价目标多元化、评价手段多样化，强调形成性评价与终结性评价相结合、定性评价与定量评价相结合、反思性评价与鼓励性评价相结合。

三、学习方法建议

地理环境空间广大，地理事物多种多样，地理关系错综复杂。学习地理尤其要注意学习方法，只有掌握好学习方法，才能化难为易，学得扎实而灵活。

1. 学会使用课本

教科书既是掌握知识、技能的工具，又是培养自学能力的依据。目录提示着全书的要领和前后的联系，要经常翻阅，以便对全书内容心中有数。精读课文、常看深思，抓住要点，记下问题，要特别重视插图和表格，领会图表所说明的问题。

2. 学会使用地图

地图是地理信息的载体，它能将我们不能亲眼见到的广大地理环境变得一目了然。地图又是学习地理的工具，通过分析地图，可以认识地理特征、原理、成因，找到利用改造的途径，要学会读、用各种地图，首先要记住最基本的地图。对于世界地理而言，首先要记住七大洲和四大洋的分布。

3. 重视地理观察

观察就是边思考边细看。看一看当地地理环境的面貌,以及人们在当地是怎样活动的。通过报刊、电视节目、图片获得地理信息,锻炼我们的才智。

4. 善于地理想象

观察只能得到局部直观,地图只能提供位置直观,想象才能使二者联系起来,使你获得地理环境的全面景观,进而向你展示地理的未来。

5. 要善于动脑

经常向自己提出问题,地理问题的一般思路是:①学什么?如黄河及其水文特征。②在哪里?如黄河流经的省区和流域范围。③为什么?如黄河的水文特征是怎样形成的。④有何利弊?如怎样评价黄河对我国北部地区提供的有利条件和不利条件。⑤怎样协调好人地关系?如怎样使人类与黄河的关系协调起来,应当怎样合理利用改造它。

6. 要勤于动手

经常动手写,动笔画,动手制作学具,这不仅使你心灵,还能使你手巧。方法对头,事半功倍,你将越学越爱学。

第八节 高中历史课程指导

高中历史属于"人文与社会"领域的科目,是用历史唯物主义观点阐述人类历史发展进程和规律,进一步培养和提高人的历史意识、文化素质和人文素养,促进人全面发展的一门基础性课程。

一、学科价值与相关专业走向

(一)学科价值

高中历史课程有助于大家继续学习基本的历史知识与技能:知道重要的历史事件、历史人物和历史现象,知道人类的主要文明成果,会在具体的时空条件下对历史事物进行考察,从历史发展的进程中认识历史人物、历史事件的地位和作用。掌握陈述历史的表达和交流能力,在重证据的历史意识中学会获取和处理信息的能力,在阅读历史文献和观察实物等史学史料的过程中形成历史想象能力。最终具备历史学科的时空观念、发展意识、多元联系、史料实证、历史理解、历史评判、历史认同感等核心素养。高中历史课程具有公民教育的功能,通过该课程的学习,大家能够增强历史意识,汲取历史智慧,懂得自己如何成长为一名具有真善美人性的人,具备中国公民和世界公民的人文知识和人文情感,并将所学知识内化为自己的人文行为,培养大家健全的人格,如具有善良、平等、独立、民主、关爱的健全的人格,促进个性健康发展,追寻幸福的人生。

（二）大学相关专业

1. 历史学专业招生介绍

历史学专业、考古学专业、博物馆学专业、文物保护专业等。其中历史学专业主要收文科考生，考古学专业和博物馆学专业是文理兼收，文物保护专业招收理科生。具体可以登录"阳光高考网"http：//gaokao.chsi.com.cn/查询。

2. 历史学专业的学习内容及就业前景

历史学专业本科生主要学习中国史的基本知识，了解中国文明的一般发展历程和中国史研究的基本方法、学术史和最新动态，接受史学理论、外国语、断代史与专题史、文献学、史料学、历史地理学及文化人类学等方面的基本训练。世界史专业本科生主要学习世界史的基本知识，了解人类文明的一般发展历程和世界各主要国家和地区的历史研究基本方法、学术史和最新动态，接受史学理论、外国语、史料学、地区国别史、国际政治、国际经济、国际关系及文化人类学等方面的基本训练。全国开设历史学的院校有233所，历史学专业的学生根据具体从学的专业和学生自身素质可以从事历史教育、历史研究、历史旅游、文字编辑等职业及在党政机关、各报纸新闻单位、图书馆、档案馆等任职。

考古学专业具有文理学科交叉性质，培养学生具有扎实的专业基础知识和基本技能、较广泛的人文学科知识和一定的艺术修养，能够进行考古学和文化遗产学的初步研究。毕业生能够从事考古、文物和博物馆方面的工作，也能够适应人文社会科学各相关方面的工作，也可以为攻读本专业和相关专业的研究生打好坚实基础。核心课程有中国考古学、田野考古学概论、科技考古等，专业实习有田野考古实习，进阶课程有丝绸之路考古、动物学考古、中国佛教考古等。全国开设考古学的院校有16所，如北京大学、四川大学、南京大学等，其中北大考古专业在国际上影响力很突出，被誉为"中国考古学家的摇篮和中国考古学研究的中心"。

博物馆学专业注重基础理论和实际应用的结合，除了博物馆学的理论课程外，还开设了博物馆陈列形式和内容设计、博物藏品管理等实践性很强的课程。此外，文物研究、文物保护、工艺美术等方面的课程，更扩充了学生的知识面和提高了学生的艺术修养。全国开设考博物馆学专业的院校有17所，如北京大学、复旦大学、南开大学等。博物馆学专业的本科毕业生大多可以进入政府文物管理部门工作或者进入各类博物馆工作。

文物保护专业主要培养文物保护、修复工作的专门人才。该专业方向招收理科考生，核心课程是无机化学、有机化学、物理化学等，专业实习是文物保护实验、文物保护实习等，进阶课程是文物保护材料学、文物分析技术、冶金考古等。全国开设文物保护专业的院校有4所，毕业生能够在国家文博系统从事文物保护和修复等专业技术工作和行政管理工作，也可以继续攻读硕士和博士研究生。

文物建筑专业主要培养文物建筑保护、维修以及研究方面的人才。该专业具有文理交叉性质和实践应用性强的特点，要求学生除了掌握建筑学所必须具备的专业知识和基本技能外,还要掌握一定的历史学、考古学和文物保护的方法和基础知识,具有一定的艺术和美学修养。核心课程是建筑设计、中国建筑史、中国传统建筑构造等课程,专业实习有文化遗产与测绘,进阶课程有文化遗产保护规划、传统建筑概预算、文化遗产保护实践等。毕业生可以攻读相关专业的研究生,也可以选择到国家文物部门所属的古代建筑研究所、文物考古研究所、文化文物行政管理部门、高等院校等工作。

二、学习要点及能力要求

在学习历史的过程中学会"史必有证,论从史出"的历史研究的基本原则和方法,尽可能在历史本原的基础上,结合教师和自己对历史的理解,逐步具备现代社会公民的基本素质:具有以独立之精神、自由之思想为主导的科学态度和关爱生命、平等博爱的人文情怀。

(一)学习要点

一定要明确历史必修1政治、必修2经济、必修3思想文化每册内容的主旨与核心概念,懂得选修教材改革和人物的核心思想,关注人、人与人、人与社会、人与自然的关系。知道重要的历史事件、历史人物及历史现象,知道人类文明的主要成果(经济文明、政治文明、思想文明),初步掌握历史发展的基本线索。

了解历史的时序,初步学会在具体的时空下对历史事物进行考察,从历史发展进程中认识历史人物、历史事件的地位和作用。

(二)能力要求

了解多种历史呈现方式,包括材料、图片、图表、实物、遗址、遗迹、影像、口述以及历史文学作品等,提高历史阅读能力和表达能力,形成符合当时历史条件的一定的历史情景想象。

初步学会从多种渠道获取历史信息,了解以往历史材料为依据来解释历史的重要性;初步形成重证据的历史意识和处理历史信息的能力,逐步提高对历史的理解能力,初步学会分析和解决历史问题。

学会用口头、书面等方式陈述历史,提高表达与交流的能力。

学会一定的历史评判能力,如历史批判性思维能力、历史创造性思维能力等。

总之,学习历史要关注"叙事清楚,线索明晰""论从史出,史论结合""情理交融,明理启智"。具备时空观念、发展意识、多元联系、史料实证、历史理解、历史评判等学科素养,最终形成一定的历史认同感,会从历史中汲取人类的智慧和成长的营养,提高自身的人文素养。

三、学习方法建议

1. 时空维度的学习方法

历史的组成要素有时间、空间、人物、事件,因此学习历史时一定要树立时空意识，学会将历史时序观念和历史地理观念相结合。要养成用历史的时期意识和空间意识思考问题的习惯。

2. 历史与现实联系的方法

学会联系历史与现实，会用历史眼光看待现实问题，从历史发展角度来分析、把握现实的挑战，现实问题会历史思考，从现实问题探寻其产生的历史背景或者原因，学会关注现实热点问题，将现实生活和社会发展相联系。"生活中的历史"和"历史中的生活"密切相关，如参观和考察古迹，参观学习各种博物馆，关注身边历史课程资源的开发和利用。多关注历史与现实的联系，大家会觉得学习历史很有趣也很有用，会用历史眼光解读历史问题，提升自己思考现实问题的能力。

3. 史论结合，论从史出的证据意识方法

学会用"史论结合，论从史出"的历史学习方法分析历史问题，由历史史实得出历史结论，会用史实论证历史问题，用史实说话，言之有理，有证据意识。了解多种历史呈现方式，包括文献材料、图片、图表、实物、遗址、遗迹、影像、口述以及历史文学作品等，学会辨别和使用第一手史料和第二手史料，学会辨别史料的真伪，形成重证据的历史意识和处理信息的能力。

4. 多学科联系的方法，学会阅读，学会积累

有意识将历史学习与各学科相结合，如历史与地理、政治、语文学科的相互联系，地理地图解读、政治一分为二的观点、语文概念理解等综合应用会有利于更好地学习历史。俗话说，"文史不分家"，语文学科与历史学科有许多共性的东西，同为人文学科，因此学习历史过程中要会借助自己的语文学习能力更好学习历史。在当今信息化的时代，学会阅读历史著作的精品，在阅读中思考，感悟历史的智慧。

5. 各种活动中感悟历史

历史学是一门人学，人是生活在社会中的，因此在学习高中历史的时候，需要融入各种社会活动，关注人与人的互动。如可以用社会考察法来学习历史，参观历史遗迹、参观各种博物馆、参观名人故居等，可以更加直观形象地了解历史，在综合实践中学会主动学习，学会走近历史；也可以用调查法、讨论式学习方法、历史剧表演法、小组合作学习方法、历史制作方法等更好地学习历史。

第九节 高中思想政治课程指导

高中思想政治课是对你们一生的成长和发展都有着十分重要意义的必修课程。习近平主席说："青年的价值取向决定未来整个社会的价值取向，而青年又处在价值观形成和确立的时期，抓好这一时期的价值观养成十分重要。这就像穿衣服扣扣子一样，如果第一粒扣子扣错了，剩余的扣子都会扣错。人生的扣子从一开始就要扣好。"思想

政治课就是要告诉你如何系好人生的第一粒扣子，走上适合自己的人生道路，拥有幸福与优雅的人生。

一、学科价值与相关专业走向

（一）学科价值

思想政治课要带领同学们学习相关的哲学社会科学知识；学会运用马克思主义的基本观点和方法，与时俱进地观察问题、分析问题、解决问题；具备即将成人的青年在现代社会生活中应有的自主、自立、自强的能力和态度；具有爱国主义、集体主义和社会主义思想，初步形成正确的世界观、人生观和价值观。

思想政治课对同学们的具体价值在于以下方面：

（1）了解社会主义市场经济、民主政治、先进文化的常识。立足于当前的经济、政治、文化生活，提高主动参与的能力。

（2）初步掌握马克思主义哲学的基本原理和方法。具备运用马克思主义基本观点和方法分析、把握重要问题的能力，培养理论联系实际、敏锐洞察、分析问题的能力。

（3）面对现代化进程中出现的各种思潮，以及伦理和人生问题，具有辨识、判断的理性思维能力。

（4）提高依法维护自身权益、依法做事、依法律己的能力。

（5）理解个人的生命及人生价值，在个人关切与社会进步、祖国命运紧密相连的情感体验中，维护人格尊严，思考怎样才能对社会发展起到促进作用，想成为未来成功人士，在中学阶段就必须具备哪些优秀品质。

（6）热爱生活，亲近知识，向往健康的、积极向上的文化生活，培养高尚、丰富的生活情趣。

（7）对宇宙和一切未知世界具有好奇心，尊重科学，追求真理，注意观察生活，培养科学态度和创新精神。

（8）在勤奋学习、认真做事中磨砺意志，对个人发展抱有进取信心，对未来职业选择抱有恰当心态，面对困难和挫折要有健康的心理素质。

（9）关注现代社会的变化，自觉遵循和维护社会秩序，积极思考、主动表达，在社会参与的过程中培养健全的公民意识，培养合作意识。

（10）对祖国和人类社会进步抱有乐观态度，在尊重和理解各民族文化价值的同时，增强民族自信心和自尊感。

学好思想政治课对同学们的高中学习和生活有以下意义：

1. 有利于培养正确的世界观、人生观和价值观

高中思想政治开设哲学课，哲学课告诉你如何理性地看待世界，如何对待人生，人生的价值是什么，我们如何实现人生的价值。价值观对人生具有决定性的意义，你想做个好人还是坏人，主要看你的价值观，哲学课会告诉你如何树立正确的价

值观。

2. 有利于学好其他学科

哲学具有高度的抽象性和概括性，学好哲学，有助于培养理性思维，学会辩证地看待自然，这样学习数学、物理、化学、生物也会相对容易些。哲学告诉你如何看待社会和人生，让你初步具备人文情怀，这样在学习语文、英语、历史和地理的过程中就会有高屋建瓴的领悟！

3. 有利于高考升学

你可以把政治学科作为高考的选考科目。只要喜爱，你肯定能学好，因为兴趣是最好的老师。

4. 有利于提高自己参与社会生活的能力

学好一个科目，考试只是目的之一，其实最重要的价值还是指导你的生活。学好经济，让你知道作为劳动者如何就业，作为消费者如何维权，作为投资者如何投资。学好政治，让你知道作为公民，我们享有什么政治权利，以及如何去行使这一权利，同时也知道自己必须履行的义务。学好文化，让你知道文化对我们人生的意义，同时怎么提高眼力，选择优秀文化以丰实我们的人生。

（二）大学相关专业

1. 哲学专业

如果对抽象的理论问题很感兴趣，你可以报考哲学专业。哲学告诉你世界的本源，人生的真谛。哲学的学习内容有：马克思主义哲学、中国哲学和西方哲学等，哲学专业的就业方向是：国家机关、文教事业、新闻出版、企业等。

2. 法学专业

如果对处理人的权利和义务问题感兴趣，希望自己能够维护社会的公平和正义，你可以学习法律。法律专业的学习内容：法理学、中国法制史、宪法、行政法与行政诉讼法、民法、商法、知识产权法、经济法、刑法、民事诉讼法、刑事诉讼法、国际法、国际私法、国际经济法。未来的就业方向是：国家机关、企事业单位和社会团体，特别是能在立法机关、行政机关、检察机关、审判机关、仲裁机构和法律服务机构从事法律工作。

3. 经济学专业

如果对社会经济现象很感兴趣，希望透过纷繁复杂的经济现象掌握其背后的规律，未来为经济的发展贡献力量，你可以选择经济专业。经济专业的学习内容是：政治经济学、西方经济学、货币银行学、国际经济学、财政学、国家预算、税收管理、国际税收、国有资产管理财政学、证券投资学、保险学等。未来的就业方向是：政府财政部门、税务部门、金融机构、证券公司、涉外贸易等。

4. 政治学专业

如果对处理公权与私权问题很感兴趣，愿意致力于实现和维护广大人民的利益，你可以选择政治学专业。政治学在大学主要学习的课程是：政治学原理、行政学概论、中国政治制度史、当代中国政治制度、比较政治制度、中国政治思想史、当代西方政治思潮、中国社会政治分析。未来的就业方向是：党政机关、新闻出版机构、企事业和社会团体等单位。

5. 思想政治教育

如果愿意当一名政治学科的教师，帮助更多的人树立正确的三观，与他们探讨人生、思索世界的奥秘，你可以选择思想政治教育专业。在大学要学习：马克思主义思想政治教育理论基础、马克思主义哲学、中国革命史、伦理学、教育学、管理学、心理学基础。未来的就业方向是：在党政机关、学校、企事业单位从事思想政治教育工作。

二、学习方法建议

1. 课前预习

老师上课以前最好通读教材，了解教材所讲授的内容，把不懂的问题记下来，课上认真听老师讲解。

2. 上课专心听讲

课堂听课效率对于学生学好一门课至关重要。课上要紧跟老师的思路，看老师如何将知识化在生活中，又从生活中将知识"萃取"出来，如果亲历了这个过程，你就明白了知识的精神实质。这是学好一门课最关键的环节。

3. 课下及时复习巩固

课下及时记忆知识，建议同学们画出知识的思维导图，用思维导图引导自己复述知识，可以达到理解、记忆的目的，同时极大地提高了记忆效率。

真正掌握好知识需要做一定的练习，所以学习一部分知识后，一定要通过做题提升自己对知识的理解运用能力。

4. 关注时政

学习政治课后，你会发现你能看懂新闻联播了，你开始关心国家大事了。其实发生在生活中的事情都是现象，教材所讲的内容都是前人根据现象总结概括出的理论。这时你要学会将所学知识用来分析发生在生活中的各种现象，你慢慢会发现，你对事物的理解深刻了，你开始变得理性了！

这就是高中思想政治学科带给你的改变，也是她最大的魅力！你是否期待与她的相会？

第十节　高中体育与健康课程指导

高中体育与健康课程是一门以身体练习为主要手段，以体育与健康知识、技能和

方法为主要学习内容，以增进高中学生健康为主要目的的必修课程，它具有鲜明的基础性、实践性和综合性，是高中课程体系的重要组成部分，是实施素质教育和培养德智体美全面发展人才不可缺少的重要途径。

一、学科价值与相关专业走向

（一）学科价值

由于体育的内容产生于不同的文化现象，因此具有了这些文化母体各有的多样性特征，正是这些多样的特性又使得体育学科具有了多方面的价值，主要表现为：

（1）提高身体基本素质；

（2）提高身体基本活动能力；

（3）通过室外活动提高对自然的适应能力；

（4）进行娱乐；

（5）提高常见运动项目技能；

（6）对情感的陶冶；

（7）对意志品质的锻炼；

（8）对行为进行规范；

（9）某种程度的益智；

（10）某方面的美感形成；

（11）野外活动能力培养；

（12）提高安全意识和自我保护能力；

（13）提高人际交往能力。

（二）大学相关专业

1. 体育学科专业招生介绍

全国14所体育专业院校设本科专业：北京体育大学、上海体育学院、武汉体育学院、天津体育学院、成都体育学院、哈尔滨体育学院、山东体育学院、广州体育学院、首都体育学院、沈阳体育学院、南京体育学院、吉林体育学院、西安体育学院、河北体育学院。另外还有全国上百所师范类院校下属的体育系或者体育学院，如北京师范大学、东北师范大学、华东师范大学等都设有本科体育学专业。

关于体育类考生类型名词解释、报考条件、报考专业以及流程请参照 http：//www.gaokao.com/gksc/tyzs/查询高考系列手册之体育类招生篇。

2. 体育学专业的学习内容

体育学专业的学习内容包括：体育教育、民族传统体育、运动训练、运动生理学、运动生物力学、体育经济学、体育法学、体育社会学、体育新闻等。

体育学专业方向课程包括：体育人文社会学类，包括学校体育学、体育心理学、体育学概论、体育社会学等课程；运动人体科学类，包括运动生理学、运动解剖学、体育保健学、运动生物化学等课程；田径类，包括田径、户外运动、定向越野、野外生活生存等课程；球类，包括篮球、排球、足球等课程；体操类，包括基本体操、健美操、舞蹈等课程；武术类，包括武术、跆拳道等课程。

3. 体育学专业就业前景

（1）运动训练：本专业培养德智体美等诸方面全面发展的体育教练员，以及从事专项体育教学和竞技运动科研与管理的高级专门人才。

（2）民族传统体育：本专业培养德智体美全面发展，具有从事民族传统体育专业教学、训练、科学研究与管理的高素质专门人才。

（3）体育教育：本专业培养德智体美全面发展的中等学校以上（含中等学校）的体育教师，以及学校运动队教练员、学校体育管理者、体育科研人员和社会体育工作的高级专门人才。

（4）社会体育：培养从事群众性体育活动的组织管理、咨询指导、经营开发及教学、科研工作的专门人才。

（5）公共事业管理（体育管理方向）：培养在体育及相关领域从事行政管理和经营管理的专门人才。

（6）体育产业管理：培养在体育以及体育相关领域从事体育产业管理的应用型专门人才。

（7）新闻学（体育新闻方向）：培养体育记者、编辑、主持人、解说员、评论员、媒介公关或信息主管、体育节目策划、体育设计、体育赛事与体育组织营销等方面的人才。

（8）英语（国际体育方向）：培养能在体育领域、体育外事部门、体育媒体、国际体育组织和竞技体育项目赛事组织等从事教学、研究、翻译、组织和管理工作，掌握国际体育交流工作原则和方法的复合型高级国际体育人才。

（9）运动人体科学：运动人体科学学科为国家级重点学科，培养体育科技教练、运动营养与运动伤害防护师、体育科学研究人员、全民健身指导及研究人员、运动人体科学专业的师资以及其他相关专业技术工作的专门人才。

（10）运动康复与健康：培养适应现代发展需要，在初步掌握运动人体科学、基础医学、临床医学基础知识的基础上，系统掌握运动康复与健康专业的基本理论、基本技能、基本方法和相关知识，成为具有一定发展潜力及创新精神，具有较强实践能力的高级康复治疗师。

二、学习要点及能力要求

高中体育与健康课程主要涉及五个方面的内容标准：运动参与、运动技能、身体健康、心理健康、社会适应。具体的内容要点与能力要求如下：

经常参与体育锻炼，在坚持参与体育锻炼的基础上带动同伴进行体育锻炼。制订并实施简单的个人锻炼计划，评价体育锻炼效果，在科学锻炼的基础上帮助同伴制订简单的锻炼计划。

认识多种运动项目的价值，关注国内外的重大体育赛事，利用互联网资源为体育实践服务，了解国内外重大体育事件。提高运动技能水平，增强运动技能的运用能力，在提高所选运动项目技能水平的基础上组织和参与课外体育比赛。掌握运动创伤时和紧急情况下的简易处理方法，自觉关注社会中与体育活动有关的安全问题。

增强体能，在不断增强体能的基础上帮助同伴改善体能状况。了解传染疾病的传播途径和预防措施，了解非传染性疾病的起因和预防措施，提高对艾滋病和性病的认识。掌握和应用营养知识，懂得环境对身体健康的影响，逐步形成健康的生活方式，在形成健康生活方式的基础上帮助同伴养成良好的生活习惯。关注和改善自己的身体健康状况，了解我国传统养生保健方法与现代体育锻炼方法的异同，在不断增进身体健康的基础上帮助同伴改善身体健康状况。

在体育活动中努力获得成功感，发展学习能力，逐步形成积极进取的人生态度。表现出调控情绪的意愿与行为，具有帮助同伴调控情绪的意愿与行为。在具有挑战性的活动中表现出坚强的意志品质。提高预防和消除心理障碍的意识和能力，正确对待性心理变化，在不断提高心理健康水平的基础上关注同伴的心理健康。

具有和谐的人际关系和良好的合作精神，表现出良好的体育道德，表现出团队意识和行为。认识个人参与体育与健康活动的权利和义务，表现出有责任感的社会行为，关心社会的体育与健康问题。

三、学习方法建议

1. 改进学习方法，增强自己的主体意识

学生应努力改进自己的学练方法，应将快乐体验、尝试练习、情景模拟等有机地渗透于学习之中。为此，在"四自"基础上，努力实现"四生"，参与练习的全体性，主动寻求练习的机会；根据练习内容的层次性，寻求适合自己的练习内容，确保获得成功的体验，增强练习的自信心。在练习过程中体现自主性，增强参与意识和目标意识，从而使自己的自学自练自评中，从互教互学互评中，从友爱团结的多向交流中，从自我肯定中得到满足，提高学习积极性，增强自我意识，发挥自己的主体作用。

2. 以情感为纽带，建立信任和谐的师生关系

一方面，学生上课应朝气蓬勃，态度端正，认真听讲解，积极模仿老师的示范动作，遇到困难项目的时候根据老师的要求敢于尝试，赢得老师对自己的认可，久而久之，老师就会更加接近和信赖学生，使师生关系融洽。另一方面，要热爱老师、信任老师、尊重老师，不骄不躁对待老师，这是消除师生隔阂的重要一环。建立民主、信

任的师生关系，消除紧张、对立心理。

3. 根据教材，精选学习内容，多接受心理健康教育

体育课的教材不仅要适合学生身心特点，还要满足自身的体育兴趣，满足自己的体育需要，尽可能地根据老师的教学内容扩大学习范围，寻求适合自己的运动项目，使学习内容弹性化，使得自身兴趣广泛。另外，体育课中涉及心理健康教育的内容，要了解心理健康的标准，心理健康的影响，掌握心理保健方法，能够在需要时恰当地对自己的心理状态进行调整。

4. 做好课上的准备活动和放松练习

"良好的开端是成功的一半"，充分的准备活动可以预防运动中伤害事故的发生，确保体育课高质量地完成；"放松是通往冠军之路的捷径"，放松性练习可以缓解机体疲惫、消除心理疲劳，没有放松练习就没有成绩的提高。

第十一节　高中信息技术课程指导

随着信息技术越来越广泛地渗透到教育、经济和政治等领域，席卷全球的信息文化业已形成。从社会发展的现实出发，在普通高中设立信息技术课程，为培养适应信息社会的未来公民奠定基础，是我国在全球性信息化建设竞争进程中，抓住机遇，赶上世界发展的步伐，抢占制高点的必要保证。

一、学科价值与相关专业走向

（一）学科价值

高中信息技术课程以提升同学们的信息素养为根本目的。信息技术课程不仅使同学们掌握基本的信息技术技能，还要学会运用信息技术促进交流与合作，拓展视野，勇于创新，提高思考与决策水平，形成解决实际问题的能力和终身学习的能力，明确信息社会公民的权利与义务、伦理与法规，形成与信息社会相适应的价值观与责任感，为适应未来学习型社会提供必要保证。❶

高中信息技术在信息素养、思维方式和创新素质三个方面的学科价值为❷：

（1）系统掌握信息技术学科的基本知识与技能，从整体上提升信息素养，以适应信息社会需求。

（2）培养信息技术学科的思维方式、方法和能力，并将其应用于问题解决中。

（3）培养创新素质，提高创新能力。

---

❶ 教育部《信息技术课程标准》（2003年）。
❷ 李冬梅《中小学信息技术教育》2013年第2期。

（二）大学相关专业

1. 与信息技术有关的专业

信息技术专业一般属于理工学大类，在普通高等学校本科专业目录的基本专业有以下几方面。

工学类：计算机科学与技术、软件工程、网络工程、信息安全、物联网工程、数字媒体技术、信息工程、信息安全、信息对抗技术、电子信息工程、电子科学与技术、光电信息科学与工程、微电子科学与工程。

理学类：信息与计算科学、地理信息科学、生物信息学。

管理学：信息管理与信息系统、信息资源管理。

在普通高等学校本科专业目录的特设专业有：智能科学与技术、空间信息与数字技术、电子与计算机工程、电子信息科学与技术、应用电子技术教育。

我国绝大多数高校都设有信息技术类专业，如清华大学、北京大学、中国科技大学、北京航空航天大学、西安交通大学、北京邮电大学、浙江大学、复旦大学的计算机学院都开设有与信息技术有关的专业，如计算机科学与技术、软件工程等。

国际上最著名的学府如美国麻省理工学院、美国宾夕法尼亚大学、普林斯顿大学、英国剑桥大学、日本的东京大学等也都设有计算机专业。

2. 信息技术专业的学习内容

基础课程主要有：高等数学、线性代数、离散数学、概率论、数值分析、大学物理、集合与图论、电路分析等。

专业核心课程主要有：程序设计基础、面向对象程序设计、数字逻辑电路、电子技术基础、数据结构与算法、Web程序设计、汇编语言、编译原理、操作系统、计算机组成与结构、计算机网络原理、数据库系统原理、软件工程学、单片机技术、接口与通信技术、计算机图形学、模拟电路、人工智能、移动设备应用软件开发等。

3. 信息技术专业就业前景

（1）网络工程方向就业前景良好，毕业后可以到国内外大型电信服务商、大型通信设备制造企业进行技术开发工作，也可以到其他企事业单位从事网络工程领域的设计、维护、教育培训等工作。

（2）软件工程方向就业前景十分广阔，毕业后可以到国内外众多软件企业、国家机关以及各个大、中型企、事业单位的信息技术部门、教育部门等单位从事软件工程领域的技术开发、教学、科研及管理等工作。也可以继续攻读计算机科学与技术类专业研究生和软件工程硕士。

（3）通信方向，学生毕业后可到信息产业、财政、金融、邮电、交通、国防、大专院校和科研机构从事通信技术和电子技术的科研、教学和工程技术工作。

（4）网络与信息安全方向宽口径专业，主干学科为信息安全和网络工程。毕业后可成为在政府、国防、军队、电信、电力、金融、铁路等部门的计算机网络系统和信息安全领域进行管理和服务的高级专业工程技术人才，并可继续攻读信息安全、通信、信息处理、计算机软件和其他相关学科的硕士学位。

（5）自主创业。

二、学习要点及能力要求

高中信息技术课程以信息处理与交流、信息技术与社会实践为主线，学习信息的获取、加工、管理、表达与交流的基本方法，并在应用信息技术解决日常学习、生活中实际问题的基础上，通过亲身体验与理性建构相结合，感受并认识当前社会信息文化的形态及其内涵，理解信息技术对社会发展的影响，构建与社会发展相适应的价值观和责任感。

三、学习方法建议

信息技术课程具有与其他科目所不同的特点，它是一门集合了实践性、创造性、多样性等特点的学科，因此对于这门学科的学习方法也有别于其他的学科，提些建议，仅供学习参考。

1. 勤于思考、注重动手实践

"纸上得来终觉浅，绝知此事要躬行。"在高中阶段，要想学好信息技术这门课，只有不断地亲自动手、亲自实践，才能真正领会其中的理论知识、巩固必需的操作技能，并且在实践过程中要不断地去思考、探索，善于发现问题，再解决问题。比如编写程序，当你觉得代码没问题的时候，只能说明没有语法问题，而有可能潜藏着逻辑错误，在调试程序时，非常锻炼你的分析能力，通过自己调试程序，你将会有许多收获。

2. 主动练习、注重应用

在学习计算机知识与技能的过程中，要想到用，用到自己的学习、工作和生活中。作为人脑的延伸物，让计算机为我们思维、动筹、论证、决策，以提高分析问题和解决问题的能力，参加信息学奥林匹克活动的孩子们之所以能在国际大赛中摘取金牌，就是因为他们学以致用，在用中加深理解，把计算机变成了自己得心应手的工具。将所学的信息技术知识和技能用于解决现实中的具体问题，为人们的工作、学习和生活提供方便，从而达到学习信息技术课程的真正目的。

3. 善于利用资源、及时获取最新信息

网络使计算机技术如虎添翼，能否科学、高效地使用网络，已经成为衡量现代人文化水准的一个尺度，在网络文化氛围中，学会获取信息、处理信息、交流信息的能力是十分重要的，这也是现代人的一种基本能力。大家都知道，计算机技术发展迅猛，知识更新得十分快，即使是刚出版不久的专业书籍，过上一段时间，也会落伍，所以

当你无法从书籍中获得解决问题的方法时，往往可以在网络上找到很多很有用的信息和帮助。但同时网络中也会存在着许多糟粕，怎样区分有用的信息和无用的信息，辨别鲜花与杂草，也是你们需要掌握的一种能力。

4. 善于学习、提倡自学

对初学者，老师引进门很重要，但以后就要靠你们自学。自学能力对今后学习任何课程都是重要的，但是，对于计算机尤为重要。原因就是计算机发展奇快，掌握了自学的方法，具备了自学能力，才能应付计算机日新月异的发展形势。比如，在高一学习了 Visual Basic，今后上了大学或工作，你若能够自己学会 VC、C++或更多编程语言的话，那你就有信心、有能力迎接更多的挑战了。

第十二节　高中通用技术课程指导

在高中阶段，同学们将会学习一门新的课程，这门课程叫作通用技术。

普通高中技术课程是与九年义务教育中的信息技术教育和劳动与技术教育相衔接，以提高同学们的技术素养为主旨，以设计学习、操作学习为主要特征的基础教育课程，是国家规定的普通高中学生的必修课程。

一、学科价值与相关专业走向

（一）学科价值

1. 融入技术世界，增强社会适应性

通过技术学习，同学们可以有意识地感受到信息时代技术发展给经济和社会带来的变化，感受到日常生活中技术的存在；可以更好地了解社会、了解生产、了解职业，了解它们与技术的联系；可以更加理性地看待技术，以更为负责、更有远见、更具道德的方式使用技术；可以以亲近技术的情感、积极探究的态度利用所学技术更为广泛地参与社会生活，提高对未来社会的主动适应性。

2. 激发创造欲望，培养创新精神

技术学习过程，更多地表现为一种创造过程。在这个过程中，同学们通过一项项设计任务的完成，通过一个个技术问题的探究，激发创造的欲望，享受创造的乐趣，培养自己的创造性想象能力、批判性思维能力。

3. 强化手脑并用，发展实践能力

技术课程强调心智技能与动作技能的结合，强调理论与实践的统一。通过"动手做"，学生的技术设计与制作能力、技术试验与技术探究能力，以及利用所学技术解决实际问题的能力都将得到增强。

4. 增进文化理解，提高交流和表达的能力

通用技术具有丰富而深刻的文化内涵，注重意念的表达与传递。贯穿于技术活动中的设计与制作、交流与评价也充分体现了这一价值。

（二）大学相关专业

通用技术课程设 9 个模块，其中必修模块 2 个，为"技术与设计 1""技术与设计 2"，其余均为选修模块，如图 2.2 所示。

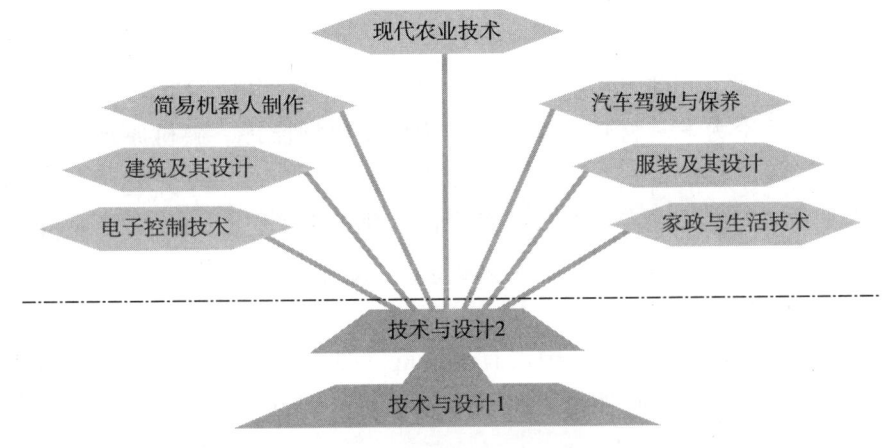

图 2.2　通用技术课程模块

1. 通用技术学科相关专业介绍

通用技术包括 2 个必修和 7 个选修模块，必修模块并没有直接对应的大学专业，但是对于工程类和设计类专业的学习都有一定的基础作用，7 个选修专业则对应了多个领域的不同专业，这也体现出通用技术这门课程的综合性和交叉性特色。

其中，现代农业技术与生物学科相通，服装及其设计与美术学科相通，家政与生活技术、汽车模拟驾驶与保养着重提高学生生存能力，而不是针对职业发展和规划开设，因此，通用技术学科在大学中主要相关的专业或领域为：电子、建筑、机器人三个方向。

（1）电子信息类的主要专业为：电子信息工程、电子科学与技术、通信工程、微电子科学与工程、光电信息科学与工程、信息工程、广播电视工程、水声工程、电子封装技术、集成电路设计与集成系统、医学信息工程、电磁场与无线技术、电波传播与天线、电子信息科学与技术、电信工程及管理、应用电子技术教育。

（2）建筑类的主要相关专业为：建筑学、城乡规划、风景园林、历史建筑保护工程。

（3）机器人：机器人是一个复杂的系统工程，需要各方面的人才，如机械、电子、通信、自动化等，如果是行业专用机器人还会涉及材料、物理、化学等。在本科阶段接触到的都是机器人的基础知识，一般不会涉及机器人系统的研究，研究生期间可以接触到具体的机器人研究工作。

与机器人相关的专业也比较广泛，和自动化有关系的专业向机器人方向发展会比

较容易。

因此，喜欢机器人方向的同学，大学可以选择自动化方向，主要的相关专业有：自动化、轨道交通信号与控制等。

2. 工学专业的学习内容

从上面的分析我们可以看出，通用技术学科单独对应的主要是工学专业，如电子、建筑、机器人，这些领域包含的专业众多，学习内容差异也很大，但也有如下共同之处。

（1）基础课：一般包括高等数学、高等代数、物理学、英语、哲学、政治经济学等。

（2）专业基础课：可能包括工程制图、电工学、数字电子技术、模拟电子技术、高频电子技术、理论力学、材料力学、结构力学、机械原理、微机原理、传感器、电器测量、电机学等课程。

（3）专业课：根据不同专业会有非常大的区别，例如，自动化类专业可能会学习自动控制原理、可编程逻辑控制器、现场总线技术、单片机原理等。

3. 工学专业就业前景

工科在我国高等院校本科专业中占有十分重要的地位。2012年《普通高等学校本科专业目录》一共有专业506种，工学门类专业就有169种，占总数的1/3，在就业方面也不错。

工学专业毕业后的出路和相关要求有以下一些：

（1）报考研究生：可以选择本专业或者跨专业报考研究生，需要通过国家全日制硕士研究生入学统一考试和院校复试。

（2）出国留学：可以选择本专业或者跨专业继续学习，需要投入经济成本，需要一定程度的外语水平和生活能力。

（3）进入相关公司工作：需要一定的实践能力，对个人综合素质要求较高。

（4）大学或科研院所任职：一般需要硕士研究生以上学历，对研究能力要求较高。

（5）自主创业：除了相关专业课程知识外，需要一定的经济基础、职业资格和营业执照。

二、学习要点及能力要求

（一）基础知识与技能

（1）理解技术的性质，了解技术的发展历史和一些最新的技术成果以及技术在生活和生产中的应用，能正确认识技术对人们日常生活及社会产生的正反两方面的影响，具有正确使用生活中一些常用技术的基本技能。

（2）了解技术设计的基本知识，初步掌握技术设计的一般程序和基本技能，了解它们在日常生活和工农业生产中的应用，能对技术设计的过程、方案和成果做出比较全面的评价。

（3）能从技术设计的角度理解结构、系统、流程、控制的一般概念，了解简单的结构设计、系统设计、流程设计、控制设计的基本知识，以及这些知识与日常生活和工农业生产的内在联系和广泛应用。

（4）了解技术语言的种类及其应用，能绘制和识读一些简单的技术图样，会使用几种常用的规范的技术语言进行交流。

（5）熟悉一些常见材料的属性及加工方法，能根据设计要求选择材料和工具，能根据设计方案制作产品或模型。

（6）具有初步的技术试验的操作技能，能进行基本的技术测试和技术指标测量，会写简单的技术测试和技术试验报告。

（二）技术思想和方法

（1）经历将人们的需求和愿望确认为值得解决的技术问题并形成设计方案的过程，初步学会从技术的角度提出问题、解决问题，能多角度提出解决问题的方案，发展批判性思维和创造性想象的能力。

（2）经历技术方案的实现或转化为产品的过程，初步学会模型或产品的制作、装配、调试的方法。体验意念具体化和方案物化过程中的复杂性和创造性，发展动手实践能力。

（3）经历技术设计中交流与评价的过程，初步学会一些技术交流的方法，发展技术的表达和评价能力。

（4）经历观察、设想、安装、测试、调试、测量等简单的技术试验过程，学会简单的技术试验方法，理解技术试验在技术发明、技术革新中的作用，形成初步的技术试验能力。

（5）经历将结构、流程、系统与控制的基本知识应用于技术实践的过程，初步掌握结构、流程、系统与控制的基本思想和方法，并能综合运用所学知识和技能解决一些实际问题，发展创新精神和理论运用于实践的能力。

（6）经历典型的技术设计、制作和评价的活动过程，初步掌握基本的技术学习方法和技术探究方法，具有初步的参与技术活动的能力和使用技术及其产品的能力，发展技术的决策能力、创新能力和终身学习能力。

三、学习方法建议

在技术课程的学习中，同学们需要着重提高的是创新能力、技术实践能力、技术表达能力、技术管理与决策能力等技术素养，针对这些学习目标，有以下的学习方法建议。

（一）如何提高创新能力

1. 学习简单的创新技法

创新是有法可循的，同学们可以跟随老师，或自学简单的创新技法，如缺点和希

望点列举法、组合法等，通过这些方法的学习，同学们会发现创新其实并不难，每个人都可能做出创新性的设计。

2. 亲历设计过程

在学习中，教师会让同学们亲历由一系列环节组成的设计活动。同学们应该发挥自身的潜能，主动、有效地参与设计过程，通过实践，提高自己的创新能力。

（二）如何提高技术实践能力

1. 积极参与实践，尝试使用多种工具

通用技术课程会使用多种工具，加工不同的材料，是高中阶段难得的锻炼自己动手能力的机会。通用技术课程中的技术实践往往是分组完成的，在这个过程中，每个同学都应该积极参与实践，学习各种工具的使用方法。

2. 学习技术试验，尝试解决技术问题

技术试验是解决技术问题的一个重要方法。技术试验有多种作用，例如，对不同的材料进行强度试验，其作用在于选择符合设计需要的材料。同学们应该积极参与其中，学习如何通过技术试验确定方案，解决问题。

（三）如何提高技术表达能力

1. 重视三视图的学习

将自己的想法准确、规范地表达出来是通用技术课程的目标之一，而三视图是规范的技术表达方式，同学们应该重视该部分的学习，通过实践，学会识读常见的三视图，能绘制简单的三视图，遇到读图困难时，可以尝试绘制形体的立体图，或者用橡皮泥制作模型来解决，逐步提高空间想象能力。

2. 学会草图的绘制

在高中阶段，我们往往还不能很好地通过三视图把自己的想法表达清楚，这个时候就可以使用草图，通过图形和文字来表达技术思想。

3. 积极学习计算机辅助设计软件

在高中通用技术课程中，同学们可能有机会学习到 CAD/CAM 等软件，这些软件可以让同学们用软件完成三维实体设计，用软件生成的立体图、三视图、动画来表达自己的设计，甚至可以使用3D打印机将自己的设计打印出来。

（四）如何提高技术管理与决策能力

（1）重视理论知识学习。

（2）关注生活中的技术话题。

第十三节 高中美术课程指导

美术新课改后，美术课从单一的美术鉴赏发展到1+2模式，即美术鉴赏+两门选修课。绘画就是美术选修课中的一个即能动手又能动脑的课程，这个课程的开设在一定程度上给学生以展示自己创造力和才华的空间。

一、学科价值与相关专业走向

（一）学科价值

美术课程标准对课程价值的表达：普通高中美术课程是艺术学习领域中的必修课程之一，普通高中美术课程与义务教育阶段的美术课程相衔接，又具有自己的特点，是高一层次的美术课程。普通高中美术课程具有人文学科的特征，能够帮助学生实现下列价值：①陶冶审美情操，提高生活品质；②理解美术文化，形成人文素养；③激发创新精神，增强实践能力；④调节心理状态，促进身心健康；⑤拓宽发展空间，帮助规划人生。

普通高中美术课程既能为学生提供不同的美术基础知识和技能，培养学生终身爱好美术的情感，发展美术方面的能力，也能为他们未来从事美术职业或其他职业拓宽发展空间。

古城中学作为石景山区一所具有 50 多年建校历史的老校，学校高度重视美术教育，将美术教育面向全体学生，开展丰富多彩的高质量艺术教育，满足学生多样化需求，以促进学生全面发展。为有美术特长和发展潜力的学生提供个性化课程，以美育心，以美启智，以美正己，培养懂艺术、会欣赏、有特长、爱生活、活泼乐观、情感丰富，具有艺术修养和文化气质的高素质人才，使学生生动活泼地发展和快乐成长。

（二）大学相关专业

1. 美术专业招生介绍

艺术类是高等艺术院校或者普通高校为培养艺术专业人才，通过高考招收的艺术考生。除全国 31 所本科艺术院校，综合类大学几乎均有招收艺术生。

2. 美术专业的学习内容

随着各大艺术院校不断的扩招，无数"半路出家"的同学进入艺考大军之路。美术已由过去的"冷三门"之一发展到现在高考捷径的"艺考热"。随着美术专业的迅速发展，专业分类已逐渐走向成熟和规范化。

大学美术专业总体有三大类的发展趋势。这些专业主要包括：

（1）艺术设计：建筑设计、工业设计、服装设计、平面设计、动画制作、室内设计、环境艺术设计、珠宝设计、旅游产品设计、化装、美术编辑、美术评论、视觉传达等。

（2）职业画家：油画、漆画、国画、雕塑、版画、水彩、壁画等。

（3）传媒类：广播电视编导（影视广告）、数字媒体艺术、摄影（影视摄影、商业摄影、图像与媒体艺术）、影视动画、广告学（广告策划）、戏剧影视美术、网页设计、网络游戏艺术等。

美术类的专业很多，给同学们考大学时选专业带来了更多的机会，也为以后提供了更为广阔的就业面。

3. 美术专业就业前景

从美术装饰市场的调研报告得知，最热门的美术专业有：平面设计、装潢设计、动画设计、广告设计、工业设计、商业摄影、建筑设计、服装设计。最好就业的为平面设计、装潢设计、动画设计、广告设计。

前景分析：作为人文艺术的一个分支，美术学在我国还是一门新兴的学科。加强美术学的研究，推动学科建设的重要性已为众多学者所重视。尽管它是一门研究性、理论性较强的学科，但仍不可小瞧其发展前景。

美术专业国画和油画专业稍微弱一些，毕业后主要从事设计工作或者任教，考研的也不少。学国画和油画的学生可以向实用美术方面发展，从事平面设计等方面的工作，因此也有比较广阔的就业前景。

美术专业学生毕业后多在设计公司和广告公司工作。学生一般都选择与专业对口的工作，专业对口对美术生来说很重要。

目前，造型艺术等传统专业就业领域对美术专业人才的需求相对饱和，相对应用型美术专业前景乐观，"纯艺术"职业之路起步较艰难。

二、学习要点及能力要求

1. 美术学科育人价值的内涵

美术学科育人价值的内涵，即通过美术课程中的绘画、雕塑、工艺、设计、欣赏等学习主题去培养学生的观察与感知能力、创意与表现能力、欣赏与评述能力等；通过各类艺术活动，如参观、访问等，帮助学生学会人际沟通与交流，树立自信心和责任感，形成对民族艺术的继承与保护意识，并具有开放、包容的国际视野。

2. 美术学科能力

美术学科能力是学科价值的重要基础。第一，观察与感知能力。通过美术学习，在观察、体验、感知的过程中发现自然和生活中的造型、线条、色彩、肌理等美的形式和规律。让学生通过各种美术活动，学习如何有目的地分析、比较与感悟，形成观察与感知能力。第二，创意与表现能力。通过美术学习，在联想、想象、变通的过程中，借助工具与媒材，进行有主题或无主题的创作与表现。让学生通过各种创作活动，学会运用发散性思维进行构思和创造，将艺术的规律和创意灵活地运用于生活、工作以及各类活动中，丰富学生现在和未来的生活，形成创意与表现能力。第三，欣赏与评述能力。通过美术欣赏、参观、调查等活动，在解释、分析、阐述、评价的过程中，帮助学生理解、尊重和珍视我国和其他国家的艺术传统，了解美术在文化发展上所扮演的角色及功能，让学生学会评价自己或他人作品，并能够和他人分享。

三、学习方法建议

高中美术的主要学习方法是多看、多想、多问、多画，理论与实践相结合。

1. 多看

就是在学习过程中多欣赏、揣摩国内外的大师作品，提高审美水平，学习绘画技巧，树立画画的高标准；

认真看老师做范画，学习具体的绘画方法、技巧，并且与平时自己画画过程中出现的问题联系起来，去伪存真；

多看同学们的作品，从中吸取优点，抵制缺点；

多看画展，多看与美术相关的东西，并且把美术与其他相关的门类联系起来，如哲学、文学、音乐，提高艺术修养；

多观察生活，从中发现美、创造美。高中美术的学习是开放型的，闭门造车是绝对行不通的。

2. 多想（悟）

针对理论与实践，考虑如何做才能提高画画水平，让画面达到更高的一个境界；针对画画过程中的问题，考虑如何做才能解决。在打基础阶段，一定要养成善于思考的好习惯。

3. 多问

多与老师、同学们探讨交流理论知识、绘画技巧、学画心得。没有交流就没有进步。

4. 多画

画就是实践。多画就是通过临摹、写生、默画相结合的方法，勤学苦练，学好美术基础理论知识，练好美术基本技能。画画想要进步，在保证质的同时，必须要有一定的量。

5. 理论与实践相结合

多去户外写生，投身大自然怀抱。到户外去考察、学习、交流，读万卷书，行万里路，开阔视野。

善于拓展、学以致用。要把所学的知识能动地应用于各种艺术实践中，如为翱翔计划、雏鹰计划和科技创新学院的书籍所创作的很多插图。

加强校际间交流，参加各种竞赛，在实践中锻炼能力，展示才华。

第十四节　高中音乐课程指导

传统的高中音乐教学，由于应试教育及传统教学思想的影响，存在着严重的知识教学和简单训练倾向。随着素质教育对学生的审美意识、艺术鉴赏能力、心理素质、情操陶冶等方面新的要求，高中音乐在提高学生的综合素质方面显现出越来越重要的价值。

一、高中音乐的学科价值与相关走向

（一）学科价值

以美育为基本属性的音乐学科，其教育、教学形式与过程同其他学科有着显著的区别，那就是淡化教育活动的知识传递过程，代之以师生双方主动投入、相互吸引的情感交流活动，并视这种活动为音乐教育的目的之一。罗丹说："艺术是情感。"音乐，是一种特殊的情感表达方式。高中音乐课程作为实施美育的重要途径，其特点就是情感审美。情与美的这种不解之缘，决定了高中音乐教育的基本方式，即以情感人，以美育人。因此，在教学中，就要以强化学生的审美体验和提高审美能力为核心，为提高学生的审美能力上好每一堂课，以内在的节奏动力感培养学生勇敢顽强、不怕困难的精神，以和谐平衡的韵律感培养学生的人格；以音乐特有的空间感召力，培养学生的想象力和创造力，逐步培养高层次的审美意识，提高分辨真假、善恶的能力，培养健康的审美情趣和高尚的情操。

（二）大学相关专业

当代社会学习音乐非常热门，很多家长从小就培养孩子学习歌唱、舞蹈、器乐等特长，这对孩子的艺术修养，个人气质以及综合素养是很好的培养过程。随着艺术修养的不断提高，很多学生从兴趣转为专业学习，在考大学时会选择继续在音乐领域求学。面临高考，报考艺术类院校要通过专业考试和文化考试两大关，而根据各专业的不同特点，专业考试往往又分为初试和复试。经过层层考试进入理想的院校，可谓是一场艰苦的持久战。那么在大学中都有哪些专业是面向学习音乐的学生们呢？

1. 音乐学（师范）

培养德、智、体全面发展的音乐教师和社会所需的音乐教育工作者。开设的主要课程：乐理、视唱练耳、艺术概论、和声、歌曲作法、曲式与分析、中外音乐史、中外音乐欣赏、钢琴即兴伴奏、合唱指挥、声乐、钢琴、器乐、电脑音乐、音乐教学论等。

2. 音乐表演

培养德、智、体全面发展的各类艺术团体音乐表演人才、社会所需的音乐工作者。开设的主要课程：乐理、视唱练耳、艺术概论、和声、曲式与分析、中外音乐史、中外音乐欣赏、合唱指挥、声乐、钢琴、器乐等。

3. 录音艺术

培养德、智、体全面发展的，具有数字音乐设计、影视动漫配乐、音乐录音、现场扩声等方面的基础理论知识和实践能力，可从事数字音乐制作、电子游戏和音乐网站的音乐设计、教育教学机构、音像加工制作、文艺团体、广播、电视、电影、唱片制作等社会需求的复合型实用人才。开设的主要课程：MIDI 技术与应用、通俗音乐创编与制作、影视音乐音效设计、JAZZ 钢琴、歌曲作法、应用作曲技术理论、音乐绘谱技巧、声音合成与采样、录音技术、数字音频、现场扩声技术、音乐声学等。

4. 舞蹈学

培养德、智、体全面发展、社会所需的通舞艺、懂舞论、能教会编的舞蹈专门人才。开设的主要课程：芭蕾基训、现代舞基训、中国代表性民间舞、中国古典舞、西方流行舞、编舞技理、中外舞蹈史、舞蹈鉴赏、艺术概论、乐理、中外音乐欣赏等。

二、学习要点及能力要求

根据普通高中教育的培养目标及音乐课程的性质，为体现普通高中新课程体系对课程内容应具有时代性、基础性和选择性的总要求，全面实现高中音乐的课程目标，满足学生对音乐的不同兴趣爱好和特长需求，高中音乐课程的内容结构由六个模块组成，供学生自主选择学习。这六个模块是：音乐鉴赏、歌唱、演奏、创作、音乐与舞蹈、音乐与戏剧表演。

1. 音乐鉴赏

是培养学生音乐审美能力的重要途径。具备良好的音乐鉴赏能力，对于丰富情感、陶冶情操、提高文化素养、增进身心健康，形成完善的个性具有重要的意义。针对高中学生，更应采取多种教学形式，引导学生积极参与音乐体验，鼓励学生主动探究并对所听音乐有独立的感受与见解，帮助学生建立起音乐与人生的密切关系，进而为终身学习音乐、享受音乐奠定基础。

2. 歌唱

是实践性很强的学习内容，是培养学生音乐表现能力和审美能力的有效途径。普通高中歌唱教学应在九年义务教育音乐教学的基础上得到提高与发展。要注意培养、发展学生演唱歌曲的兴趣与爱好，增强演唱的自信心；发展学生的表演潜能及创造潜能，使他们能够运用歌唱的形式表达个人的情感并与他人沟通、融洽感情。引导学生用健康的审美意识规范自己的歌唱实践，并在其中享受到美的愉悦，得到情感的陶冶与升华。

3. 演奏

演奏是实践性很强的学习内容，是培养学生音乐表现能力及审美能力的有效途径。普通高中演奏教学应在培养学生兴趣与爱好的基础上发展其音乐才能，使他们的表演潜能及创造潜能得以充分发挥。在教学中，要逐步提高学生的演奏能力，培养学生健康的审美情趣及与他人协作的精神，并在演奏活动中享受到美的愉悦，得到情感的陶冶与升华。

4. 创作

高中学生尝试音乐创作是激发想象力、培养创造力的有效途径，是发掘创造性思维潜能的过程和手段。这种学习对培养具有实践能力的创新人才具有重要意义。

5. 音乐与舞蹈、音乐与戏剧表演

音乐与舞蹈是亲密无间的姊妹艺术，其直观的艺术感染力，对丰富学生的艺术体验、形成健康的审美情趣、促进身心发展具有重要价值。

音乐与戏剧表演是为满足学生的不同兴趣爱好和发展需求，认识音乐与姊妹艺术的密切关系，拓展艺术视野，提高学生的综合艺术表现能力。

三、学习方法建议

1. 提高音乐鉴赏能力

（1）聆听丰富多彩的音乐，从中体验音乐的美，享受欣赏音乐的乐趣，增进对音乐的热爱，养成欣赏音乐的习惯。能够认识、理解音乐作品的题材内容、常见音乐体裁及表演形式，认识音乐要素在音乐表现中的作用。

（2）欣赏中外作曲家的优秀音乐作品，感受、体验其民族风格、地域风格和时代风格；认识、了解不同音乐流派及其重要代表人物的生平、作品、贡献等。

（3）学习中国传统音乐和世界民族民间音乐，感受、体验音乐中的民族文化特征；认识、理解民族民间音乐与人民生活、劳动、文化习俗的密切关系；了解中国音乐发展的主要线索和成就；了解西方音乐不同发展时期的简要历史。

（4）聆听有代表性的通俗音乐作品，认识了解中外通俗音乐的发展简况，并能对其做出评价。

（5）能够联系姊妹艺术或其他相关学科，对所聆听音乐作品的音乐风格、文化特征作比较，并进行综合评论。学习音乐美学的一般常识，了解音乐的艺术特征，能够对标题音乐和非标题音乐有基本的认识。

（6）能以思想性与艺术性相统一的原则，对接触到的音乐作品或社会音乐生活现象做出恰当的评价及选择；能够借助乐谱熟悉音乐作品的主题。

（7）能够在电脑上应用相关软件欣赏音乐，并能够通过互联网搜寻和下载音乐资料。

2. 如何掌握歌唱技能

（1）欣赏优秀的声乐作品，积极参与合唱、重唱、独唱等实践活动。

（2）学习并逐步掌握歌唱的基本技能，运用正确的呼吸方法、有气息支持的发声、圆润的音色、清晰的咬字吐字，有感染力和艺术表现力地歌唱。

（3）能够较熟练地运用乐谱学唱歌曲。

3. 如何提高演奏水平

（1）欣赏优秀的器乐作品，感受器乐丰富的表现力和美感，积极参与合奏、重奏、独奏等实践活动。

（2）学习并逐步掌握演奏乐器的基本技能，能够流畅地演奏与学生技术水平相当的曲目，能较准确地把握和表现乐曲的情感。

（3）能较熟练地运用乐谱演奏乐曲。

4. 如何开创创作能力

（1）学习音乐材料组织与发展的基本形式及声乐作品中的词曲结合关系，初步掌握音乐作品结构的一般常识及基本的作曲手法，参与以歌曲创作为主的创作实践。

（2）学习音乐创作必需的基础理论知识，遵循音乐创作的一般规律进行创作学习，并能用简谱或五线谱较准确地记录作品。

（3）尝试为歌词谱曲，为旋律配置简易伴奏，或利用各种不同的音源材料，进行某一主题的命题创作。

（4）在电脑上尝试运用数字音序和数字音频软件进行简单的音乐编辑和创作。鼓励学生在当地进行采风活动，采集优秀的民间音乐作为创作和改编的素材。

（5）通过分析典范音乐作品，逐步地渗透创作音乐的意识，培养学生通过音乐抒发和表达自己情感和意念的兴趣。

5. 如何感受音乐与舞蹈的关系

（1）积极参与舞蹈的学习、排练、演出等活动。

（2）学习舞蹈的基本动作及动作组合，并在音乐声中练习和熟练。

（3）了解音乐与舞蹈的关系，根据舞蹈的节奏和情绪选配适合的音乐，或通过肢体动作表现舞蹈音乐的节奏特点和情绪情感。

（4）结合欣赏和排练，了解舞蹈的起源、发展、体裁及相关文化知识。能够鉴赏和评价中外民族舞、古典舞、现代舞、芭蕾舞、社交舞等不同舞种及其音乐的特色及风格。

第三章　高中校本选修课程指导

> **导读**：本章介绍了部分校本选修课程的学科价值及专业走向，对开阔学生思路，指导学生根据个人兴趣爱好与职业规划进行选课有指导价值。

第一节　高中校本选修课程的选课指导

一、选修课的必备知识

（一）什么是选修课

高中学校的选修课一般可以分成两类，一类是学科知识拓展提高类，即选修学分Ⅰ，根据社会对人才多样化的需求，适应学生不同潜能和发展的需要，在共同必修的基础上，各科课程标准分类别、分层次设置若干选修模块，供学生选择；另一类是开阔视野类，即选修学分Ⅱ，是学校根据当地社会、经济、科技、文化发展的需要和学生的兴趣，自主开设选修课。本章所介绍的选修课专指第二类选修课，即校本选修课。

校本选修课是学校教师自主开发并提供给学生自行选择学习的课程，校本选修课有助于帮助我们拓展知识与技能，发现和发展自己的兴趣和特长，它可以帮助你发现和选择未来感兴趣的专业或职业。

（二）选修课的基本流程

选修课作为学校课程的重要组成部分，在高中学校得到了落实。现将高中学校选修课开展的基本流程进行介绍。

1. 学校发布选修课"菜单"

学校会每学期初由教学处（或课程中心）面向高一和高二学生发布学校开设的校本课程信息。

2. 学生自主选择

同学们可以根据自身发展需要自愿选择学校选修课程，在指定时间内登录学校设置的选课系统认真选择。

3. 等候学校通知

收到校本课程上课通知后,应服从学校安排到指定教室(地点)上课。

需要提醒大家的是,有时有的课程太受欢迎,选报人数过多,那么后选者就有可能失去机会。还有的时候,有些课因选课人数过少等因素未能开课,此时就应在接到教学处通知后重新选择。建议大家在选课前与任课教师做些沟通,或是向高年级学长请教,这样可以提高你的选课成功率!

二、选择选修课的建议

(一)围绕高考必考科目的能力提升选课

无论是现在的高考,还是未来的高考,语、数、外均是必考科目,在这些科目上多花时间和精力肯定不会错的。除必修课外,学校还会开一些分层次的重能力提升的选修课程,建议同学们根据自己的层次尽量选择。

此外,目前高考的文综或理综有关学习科目的选修课也建议尽量选择。但是,建议在普遍学好所有科目的基础上再有所偏重,为高二的文理分科打下基础。

(二)围绕自己将来的职业发展有关的基础科目选课

未来的新高考将取消文理,改为3+3(选科),即考生总成绩由统一高考的语文、数学、外语三个科目成绩和高中学业水平考试三个科目成绩组成。保持统一高考的语文、数学、外语科目不变、分值不变。不分文理科,外语科目提供两次考试机会。计入总成绩的高中学业水平考试科目,由考生根据报考高校要求和自身特长,在思想政治、历史、地理、物理、化学、生物等科目中自主选择。

那么,高中生如何选择要参加学业水平测试成绩的那三门学科呢?

这必须从自己的爱好与未来的职业规划出发选择科目。同学们可以反思自己以前的学习,找出自己喜欢或比较擅长的科目。同时还须与未来的职业规划相联系。这要求同学们必须提前思考自己将来学什么专业、干什么工作。而有关的专业或工作对学识有什么要求也应该知道,这样才能为选课决策提供参考。

因此,通过分析自己的爱好特长与职业偏好来选择选修科目也是我们选课所必须参考的。本书第一章第二节"从学业到职业发展路径指南"也可以作为同学们选课的参考。

(三)围绕自己将来的职业发展规划选择开阔视野类选修课

此外,不同的学校会根据自己学校的师资优势开设一些开阔视野的、与社会生活或现实职业或专业关系比较密切的综合性校本选修课。

建议选择这类课程的同学们可事先看一下选课指导或课程介绍的内容,以帮助自己确定是否选择该课程。同学们的选课目的可以有两类:一是与自己的职业规划有关,通过选课,辨析自己的职业(专业)规划是否真的是自己感兴趣的;二是开阔视野,

增加见闻,以帮助自己规划将来的职业发展路径。但是,以开阔视野为目的的选课不宜过多。

（四）能正确处理好选修课和必修课的关系

必修课重在培养基本的科学文化素质,追求的是知识与技能的基础性、全面性、系统性、完整性,是为进一步深入学习奠定基础的。同时,必修课关系着高中毕业证的取得,以及以后的高考升学成绩,所以必须得到优秀重视。选修课则是重在帮助你发现特长和进行职业生涯规划的课。所以,学会利用选修课来确定自己未来的学生无疑是个聪明的学生。

（五）认真研读课程介绍并征求老师和学长的意见

选修课课程介绍一般会把该选修课的主要内容、课程特点与学习要求进行介绍,通过阅读课程介绍你可以大致了解该选修课的内容。同时,你还可以咨询开课教师自己是否适合选择该课程,以及从学长那里了解此选修课的特点与同学们的评价等,以帮助你做出选择。

关于学科能力提升类选修课的课程介绍请参照第二章中国家课程指导的有关内容及从学业到职业的发展路径指南的内容,结合个人情况进行选课。

三、选修课的学习要求

（一）选修课与走班上课

因为每个学生都根据个人爱好与发展需求进行了选课,上选修课时必然会打乱原先的班级,形成走班上课的新局面,为此,同学们要注意以下几点：

(1) 了解选修课程上课地点和时间,按时到指定教室（地点）上课。

(2) 尽量认识与自己选同样课的新同学,与一至两个结成较好的学友关系,以便互通与课程有关的信息,避免信息遗漏。有不懂的及时向同学请教。

(3) 给自己设置明确的每日课表,提前了解,并提前准备有关学习用品,避免把时间浪费在找教室及学习用品上。

（二）准确把握所选课程的学习要求

1. 与高考有紧密联系的选修课

这类课程对学习投入的要求比较高,上起来会比较辛苦,但与高考关系比较密切,因此必须投入较大精力和努力,把有关知识学好。

2. 开阔视野类选修课

这类选修课一定要与你的职业规划有关,可以帮助你选择未来的专业。这类选修课一般比较有趣,上起来也比较轻松。可以根据自己的爱好适当选择此类课程。珍惜学习机会,按老师要求完成有关学习任务。

选修课　　　　　　　　　化学选修课

四、选修课促学生发展案例分享

我的足球梦

黄皓天（原足球选修课主力）

编者按：足球是黄皓天同学的爱好。在高中阶段他选修了足球课，后来他创立了"特洛伊"职业足球队并注册了公司，在一些比赛中取得了一定的成绩。他有可能以后专注于足球事业，也有可能把足球作为自己的业余爱好。

我是黄皓天，生长在军区大院，是从九中毕业，现在在上大三。"特洛伊"是我的足球队，发源于北京九中。

我的足球故事恐怕要从小说起，小学、初中放学后就奔跑在足球场上。高中到了九中，选修足球课程，我兴奋不已，乐此不疲，在距离高考还有两个月的时候，我萌生了拥有自己足球队的念头，和孙诗雨、尹瑞丰这两个我高中最好的朋友，在教室里不着边际地思索着，我当时说了一句："草根球队是可以参加足协杯的，足协杯夺冠是可以参加亚冠的，亚冠夺冠是可以参加世俱杯的，那可是和欧冠冠军过招的比赛。"这听起来简直就是天方夜谭，在我自己看来都觉得是个笑话，他们俩的反应却让我感觉心里充满了无与伦比的斗志，孙诗雨说："我都想象到大家穿着一样的队服站在球场上的样子了。"尹瑞丰说："虽然听起来像是个玩笑，但是我们是要去做的。"这是两个难以置信的朋友，就此"特洛伊"诞生了，队名的寓意很简单，顾名思义，特洛伊是古希腊一个很小的城邦，因为一个女人和希腊联军引发了一场战争，最终特洛伊防守了十年，联军退役萌生却在最后用木马奇计在战神阿喀琉斯的带领下血洗了特洛伊城。我希望球队可以像特洛伊人一样不惧联军强敌，也警示球队不要像最后的特洛伊人一样功亏一篑。

记忆最深的是 2013 年，新的一年的第一个对手是星空骑士，这场比赛李博开场 4 秒打入一球，当时对方中场开球后，回传中场失误，嗅觉灵敏的李博大步赶上前稍做调整起脚射门,为"特洛伊"先拨头筹,这一球很有纪念意义,从开球到进球仅耗时4秒,创造了"特洛伊"最快进球纪录,预计很难再被打破了。

"特洛伊"的孩子们要开始冲刺高考了,而我们也选择了在最困难的时候参加了春季联赛,甲级联赛,成为甲级联赛平均年龄最小的参赛队——"特洛伊"。这一年"特洛伊"有新的面孔,但没有人离开,当一个球队已经不再只是一个球队那么简单的时候,这个集体也被注入了新的意义,再回首两年前的"特洛伊",从一开始就在的人一定会惊诧我们是怎么变成现在这个样子的,但这值得诧异么?并不值得,因为"特洛伊"这三个字早已不是一个名字那么简单了,它是一种精神,一种凝聚了所有特洛伊人梦想的精神,往事如昨,"特洛伊"依然在前行。

终于,三年之后,我们站在了百队杯决赛的赛场上,第一场比赛"特洛伊"1-0,没有太多的休息时间,马上面对去年的亚军足球周刊北宣读者联队,这是赛前大部分球队大部分人公认的冠军,然而特洛伊式的开局,开场3分钟刘毅仑接郭富天后场长传,挤开两名防守队员怒射打开局面,然而没过多久对方就依靠定位球扳平了比分,然后我们因为体力不支被围攻了20分钟,在下半场比赛临近结束的一次反击中郭富天在禁区外被放倒,定位球,赛前一天王子豪对我说:"对阵足周的比赛里,我要进任意球!"预言再次应验,右上角死角,绝杀,之后杨依默还有扩大比分的机会,但是却罚丢了点球却也不影响最后的结果,裁判吹响哨声的一瞬间,场下的人冲进场内,场上的大家却各有不同的反应,杨依默跪在了地上,任烨双手高高举起,像极了一个凯旋的国王,我一直在高喊着赢了赢了,这一幕幕全都记录在了吕凯奇的手机里,那段视频也被所有人所珍藏。之后我们出现在了第二天的报纸上,出现在几天之后的BTV体育上,记者问道什么感觉的时候,我说的是:"圆梦了,三年的梦,这三年经历了多少困难嘲讽,打掉了多少牙咽进了肚子,只有我和我的队员们知道。"

"特洛伊",三年了。为了一个不知能否实现的愿望,人有时候会豁出一辈子,笑其愚蠢的人,毕竟只是人生中的过客而已。"特洛伊"人未曾离开。

然而这些只是"特洛伊"的故事,这三年我还在致力于草根足球的事业,如今我大三，我现在北京城市学院上学，国际会展专业，和朋友们一起组织了北京最大的青少年草根足球联盟，每年举办青少年草根足球联赛，我自己的球队参加我和朋友举办的联赛，我们有了自己的公司自己的执照，我们线上线下宣传平台做得很好，我们有合作伙伴赞助商，我们有完善的联赛和体系，从最初的组委会7个人，10支参赛球队，到如今的庞大体系，过百支参赛球队，上千名上场球员，来自全北京各个初中高中大学。我一直在前行，一直在挑战自己。

当年高考考得不好，成绩一落千丈，被讥讽被嘲笑被看轻，我没有考上中国传媒大学，也没有选择复读，也没有选择去外地。为了球队我留在了北京，为了我的梦想我留在了北京，"特洛伊"日渐强大，我组织的青少年草根足球联盟也走向成熟稳定。

我是黄皓天，毕业于北京九中，曾经后悔，曾经迷惘，曾经彷徨，今年我二十二岁，我不再抱怨命途多舛，不再后悔从前的决定。而是依旧乐观迎接命运里的每一个挑战，呼吸每一口空气，未来的路无论如何艰难困苦，坚定的理想主义者也一定会胜出的。

第二节 高中心理健康教育课程指导

高中心理健康教育选修课是根据同学们的身心发展特点和社会需要，有目的地促进同学们有效适应学校学习和社会生活的一种选修课程，它把心理训练的内容放在活动中，让同学们在活动中感悟、体验，得到行为训练，达到提高心理素质的目的。

一、学科价值与相关专业走向

（一）学科价值

提高心理素质，形成积极乐观、健康向上的心理品质，充分开发心理潜能，促进身心和谐发展，为健康成长、适应社会、选择未来和幸福生活奠基。❶

心理健康教育选修课对同学们的具体价值在于以下六个方面：

（1）正确认识自我、悦纳自我，积极发展自我，获得健全的人格和良好的个性心理品质；

（2）热爱学习，掌握学习的规律和方法，学会高效学习；

（3）获得人际沟通和协调的能力，建立良好的人际关系；

（4）逐步增强调控情绪、承受挫折、适应环境的能力；

（5）把握升学择业和未来发展的走向，在积极的世界观、人生观和价值观引导下，选择和设计生涯发展的目标，形成规划并执行；

---

❶ 教育部《中小学心理健康教育指导纲要》（2012年修订）。

（6）了解和适应社会生活，提高自主、自助和自我教育能力，建立担当意识和社会责任感。

上好心理健康教育选修课对同学们的高中学习和生活有以下意义：

（1）有利于各科学习。你在心理课上所掌握的制订学习目标、做学习计划、预习、提问、知识的加工和整理、解决问题、发散思维、自我监控等知识和技能，将有效地帮助你学好其他各学科，提高学业成绩，获得学业发展的自信和学习的幸福感。

（2）有利于高中人际关系。课上学到的沟通技巧、合作技巧、领导技巧、双赢意识、助人意识等，将帮助你建立良好的人际关系，展现个人的人格魅力，获得并维系宝贵的友谊。

（3）有利于高考升学。以升学择业和生涯发展为主要内容的心理课将帮助你在高考志愿选报时充分分析个人特点和环境因素，做出科学的决策，并通过大学和专业的选择为未来的职业选择奠定基础。

以情绪调适为主要内容的心理课将帮助你缓解高考压力，以积极健康的心态面对高考，发挥出自己应有的水平。

在研究性学习中，你可以选择感兴趣的心理现象加以研究。在自主申报社团和参加社会实践、社区服务时，你可以围绕自己感兴趣的心理课内容展开，例如，体验生涯角色、宣传心理知识等。以上都可以记入综合素质评价平台，供高等院校录取时参考。

（二）大学相关专业

1. 心理学专业招生介绍

心理学专业一般属于理学大类，截止到2013年，招收的文科生占41%，招收的理科生占59%。

教育部招生"阳光工程"指定信息平台"阳光高考网"显示北京大学、清华大学、北京师范大学、首都师范大学、北京林业大学、华东师范大学、山东师范大学、河北师范大学等80所高等院校招收本专业。

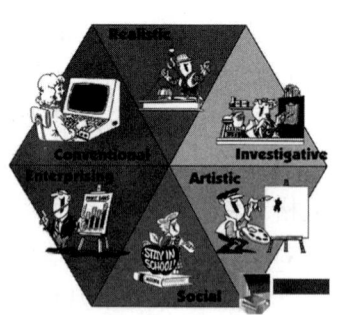

关于以上相关大学的招生规模和历年录取分数等，准备参加高考的考生可以到"阳光高考网"http：//gaokao.chsi.com.cn/查询。

新高考政策下报考心理学专业建议做好以下准备：

（1）预计需要选考物理或者生物学科；

（2）在高中阶段最好参加过心理健康教育相关课程学习；

（3）综合素质评价平台中能体现有心理健康方面的研究性学习成果；

（4）综合素质评价中体现出参加过有关心理健康、生活适应方面的社会实践活动、社团等。

2. 心理学专业的学习内容

心理学专业核心课程包括：普通心理学、发展心理学、心理统计学、实验心理学、心理测量学、教育心理学、生理心理学等。

心理学专业方向课程包括：心理学史、变态心理学、人格心理学、社会心理学、心理学研究方法、认知心理学、心理咨询与治疗、团体心理咨询、心理测评与诊断、学校心理学、高级统计、管理心理学、公共关系心理学、人力资源管理、人类工效学、消费与广告心理学、职业心理学等。

3. 心理学专业就业前景

从 2012 年以后，心理学专业毕业后就业率在 80%～90%。

心理学专业毕业后的出路和相关要求有：

（1）报考研究生：可以选择本专业或者跨专业报考研究生，需要通过国家全日制硕士研究生入学统一考试和院校复试。

（2）出国留学：可以选择本专业或者跨专业继续学习，需要投入经济成本，需要一定程度的外语水平和生活能力。

（3）政府机构任职：一般需要参加公务员考试，对个人综合素质要求较高。

（4）大学或科研院所任职：一般需要硕士研究生以上学历，对研究能力要求较高。

（5）基础教育系统任职：需要考取教师资格证书，较好地掌握教育心理学、学校心理辅导、心理咨询与治疗、心理测评与诊断等专业课程。

（6）社区任职：较好地掌握发展心理学、社会心理学、心理咨询与治疗、团体心理咨询、心理测评与诊断等专业课程。

（7）医疗机构任职：一般需要医学心理学专业毕业，具备医生资格，较好地掌握临床心理学、临床医学、变态心理学、生理心理学、认知神经学、心理测评与诊断等专业课程。

（8）心理健康教育与咨询机构任职：需要具备国家心理咨询师资格，较好地掌握心理咨询与治疗、团体心理咨询、心理测评与诊断、发展心理学、教育心理学等专业课程。

（9）心理测评机构任职：需要获得相关心理测评量表的使用资格，较好地掌握心理统计、心理测量、心理测评与诊断、心理咨询与治疗、团体心理咨询等专业课程。

（10）人力资源管理工作：一般需要人力资源管理专业毕业，较好地掌握人力资源管理、人类工效学、职业心理学等专业课程。

（11）培训机构任职：一般需要具备相关培训师资格证书，较好地掌握管理心理学、公共关系心理学、社会心理学等相关专业课程。

（12）企事业单位任职：除了相关心理学专业课程知识外，一般需要较强的综合素质和与企事业单位职务相关的特长。

（13）自主创业：除了相关心理学专业课程知识外，需要一定的经济基础、职业资格和营业执照。

二、学习要点及能力要求

心理健康教育选修课主要涉及认识自我、学会学习、人际交往、情绪调适、升学择业和生涯发展、生活和社会适应六方面的内容。

具体知识、能力要求如下：

（1）科学合理地对自我的兴趣、能力、性格特征和价值观进行分析与评估，学习训练和形成积极心理品质的方法，体验发展自我的过程❶。

（2）了解和掌握高中学习生活的特点，学习和探索适应高中学习的方法，掌握应对考试压力的方法，提升问题解决和创新实践能力，树立自主学习、终身学习的意识。

（3）理解和尊重不同国家和区域的文化多样性，扩大人际交往的范围，提高人际沟通能力，正确认识友谊和爱情，合理对待竞争与合作。

（4）学会有效管理自己的情绪，学习和掌握应对压力的方法，提高承受挫折的能力，保持积极健康的心态。

（5）树立积极的人生理想，制定明确可行的发展目标，具有时间管理、自主决策和执行计划等能力，了解并学会平衡各种人生角色，适应并主动担当各种角色的社会责任。

三、学习方法建议

1. 体验式学习

心理课上会涉及很多体验活动，你要积极参与，充分体验，觉察自己在活动过程中的行为、观点、感受、期待、渴望等，反思和交流自己在活动中的收获。

2. 分享式学习

心理课上，教师会积极促进同学们之间的交流和分享，利用团体动力发展积极心理品质，利用集体智慧解决生活中的问题。因此，你要学会分享式学习，既要勇于分享自己的观点、感悟，又要善于倾听他人，领会他人意图，挖掘可以借鉴的地方，从相同与相异的观点、感悟中获得成长。

3. 研究性学习

你可以找到心理课上自己感兴趣的一些内容进行深入研究。比如，对身边同学们的"升学志向"进行问卷调查；对身边同学的"英语学习策略"进行访谈等。这样的研究可以帮助你更准确地把握心理规律，解决现实问题，提高自主探究、沟通合作、资料分析、数据统计、文字表达等能力。

4. 自主学习与自我训练

心理课所布置的课后作业往往与其他学科不同，这些作业主要是促进同学们在课

---

❶ 北京市《中小学心理健康教育工作纲要》。

下自主学习、自我训练,把课上所学加以运用,处理具体的人际交往、情绪调控的情境。课上所学的知识、技能,只有在课后反复练习与改进才能真正为自己所掌握,否则将仅仅是纸上谈兵,对生活实际毫无意义。

第三节　生物技术学生公司课程指导

"生物技术学生公司"是一门实践性强的校本选修课程。它旨在培养高中学生的企业家精神、科研能力和创业能力。在学生公司里,学生们能够亲自管理和经营公司,体会做公司总裁、生产总监、销售及采购总监、人事总监、财务总监等诸多角色,通过学习和实践,学生不仅学到了企业运行的方式,还了解了市场经济体系的基本结构和市场经济所带来的经济效益。

公司立足自筹启动资金,自负盈亏,为学校节省了资金。公司经营目标是"回馈学校、回报社会",而不是以营利为目的。通过开展为灾区义卖、建立绿色基金、为学校做些有意义的事等活动来影响同学们形成良好可持续发展的价值观。在生物技术的研究开发方面、爱心的体现方面表现出积极的情感、态度。

一、学科价值与相关专业走向

(一) 学科价值

1. 跨学科综合性强

课程整合了生物学科中的植物克隆、精油提取等生物技术与政治学科中公司经营的知识,以及职业生涯规划的知识,为培养学生综合素质提供平台。

2. 科研创新性强

本课程采用科研式实验教学方式。学生通过实验体验科学研究的全过程,调动学生对未知领域探索的积极性,最终转化为持久的动力。在生物科技新产品研究的过程中,实验的辛苦和结果的不尽如人意有时候会让学生们感到灰心,但是,生物技术的掌握要经过一个不断实践、反思和改进的过程,在老师的鼓励下,学生们都没有放弃。

➢ 研制出以试管为载体的"天使花房",做成装饰品。

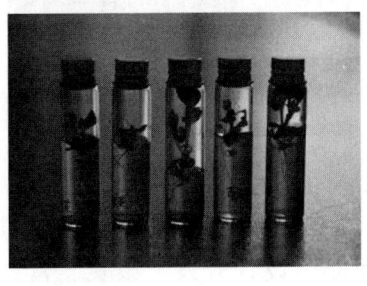

➢ 开发出多功能的人工琥珀产品。在学生们的集思广益下，人工琥珀钥匙链、挂件、冰箱贴诞生了。

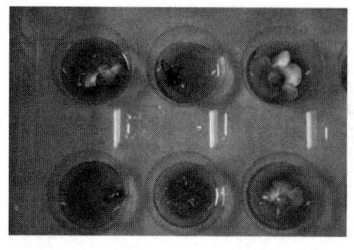
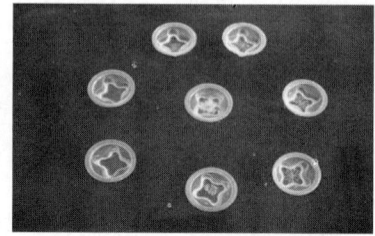

➢ 利用精油提纯技术，成功制成精油产品。

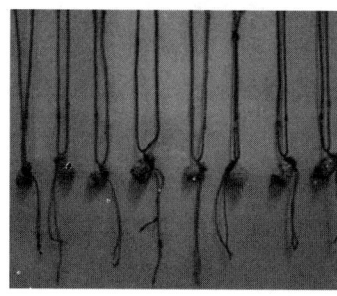
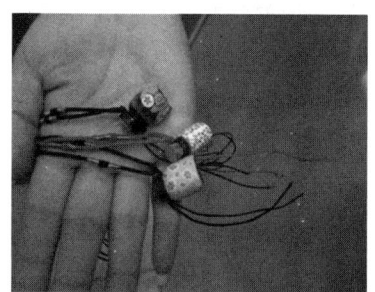

➢ 自寻研究项目，研制冷制手工皂和甜橙清润乳。

［冷制手工皂］

［甜橙清润乳］

3. 实践体验性强

课程强调学生的自主参与和亲身体验。学生在公司经营的过程中，能够将书本的知识灵活地应用到实践中去，亲历产品的研制、设计开发、改良、营销、利润分配、公司建构、角色分配等一系列经营实践活动。同时,能够真正面对公司经营的实际问题,并在问题的探究与解决中实现公司的发展。

"生物技术学生公司"校本课程为教师和学生搭建了广阔的舞台,有着学科课程没有的独特魅力。此校本课程的实施,既提高了学生的理论与实践相结合的能力、创新的能力,培养了他们的竞争意识、合作意识,又使学生的言行发生了转变,从"让我问"变为"我要问","让我做"变为"我要做"。同时,在实践中提高了教师课程开发的能力。

(二)大学相关专业

1. 生物学相关专业

(1)生物学相关专业介绍。

生物学是很多专业的基础,与生物学相关的专业大致可以分为理工类(生物科学、生物工程、生物医学工程等)、农科类(植物、动物、水产、园林等)、医学类(临床医学、兽医等)等,不同的类别学习的侧重点不同。

关于相关专业大学的招生规模和历年录取分数等,准备参加高考的考生可以到"阳光高考网"http：//gaokao.chsi.com.cn/查询。

下面以理工类生物学为例介绍相关专业。

(2)理工类生物学相关专业的学习内容。

生物科学专业主要专业课程有:动物生物学、植物生物学、生物化学、细胞生物学、微生物学、遗传学、分子生物学、生态学、生理学、植物生理学、基因组学、生物信息学、生物统计学、发育生物学、神经生物学、结构生物学等。

生物技术专业主要专业课程有:无机化学、有机化学、分析化学、植物学、动物学、生物化学、微生物学、药理学、药物分析学、遗传学、分子生物学、细胞生物学、免疫学、植物组织培养、生化分离技术、基因工程、细胞工程、酶工程、发酵工程等。

生物医学工程专业主要有:学习程序设计语言、电路分析、模拟电子电路、脉冲与数字电路、信号与系统、信号处理、医学图像处理、医用传感器、生理学、生理电子学、计算机组成原理、计算机接口技术、计算机网络、数据结构、数据库原理及应用等技术基础课程。

(3)理工类生物学相关专业的就业前景。

生物科学专业主要培养高等学校中生物学教育工作者,毕业生还可到生物学研究机构从事科研工作。

生物技术专业主要培养生物技术应用型人才。毕业后可从事生物技术开发及企业管理工作,从事现代高新技术的研究与应用、生物产品的开发与研制,适合食品、保健品、制药、商检、环保等部门的研究与生产管理等方面的工作。

生物医学工程专业毕业生将从事生物医学工程领域中诊断、测试之新理论、新方法及新设备的发现、开发与研制等工作,同时也能从事电子设备的维护、使用和计算机硬件、软件的开发及管理工作。

2. 工商管理专业

（1）工商管理专业介绍。

工商管理是研究工商企业经济管理基本理论和一般方法的学科，主要包括企业的经营战略制定和内部行为管理两个方面。广义的工商管理包含的领域很多，下设的二级专业各具特色，主要包括工商管理、市场营销、会计学、财务管理、人力资源管理、旅游管理等。

关于相关专业大学的招生规模和历年录取分数等，准备参加高考的考生可以到"阳光高考网" http：//gaokao.chsi.com.cn/查询。

（2）工商管理专业学习内容。

本专业主要课程：管理学、微观经济学、宏观经济学、管理信息系统、统计学、会计学、财务管理、市场营销、经济法、经营管理、人力资源管理、企业战略管理、企业财务管理、企业生产管理等。

（3）工商管理专业就业前景。

目前，任何一家有前途的工厂、企事业单位及政府部门、高等院校、科研院所，都能为工商管理专业类的人才提供一展抱负的空间。

此外，该专业的学生还有一个非常好的发展前景，就是参加工商管理硕士（Master of Business Administration，MBA）培训。目前，MBA 学位持有者不仅可在工商企业和政府部门任职，也可在金融机构、经纪（中介）机构、商务咨询机构、企业诊断机构、会计师事务所、资产评估机构、基金组织等各种企事业单位任高层领导职务。

3. 经济学专业

（1）经济学专业介绍。

经济学专业是综合分析研究经济增长和衰退的起因及社会表象，如通货膨胀、失业率、银行利率、进出口额等的一门学问。微观经济学与宏观经济学是经济学的基础。微观经济学研究的是消费者和生产者的购买和生产行为；宏观经济学则研究整个国家的经济现象。

关于相关专业大学的招生规模和历年录取分数等，准备参加高考的考生可以到"阳光高考网" http：//gaokao.chsi.com.cn/查询。

（2）经济学专业学习内容。

主要课程有政治经济学、资本论、西方经济学、会计学、统计学、计量经济学、国际经济学、货币银行学、财政学、经济学说史、发展经济学、企业管理、市场营销、国际金融、国际贸易等。

（3）经济学专业就业前景。

经济学毕业生可以在政策研究部门、综合经济管理部门从事经济理论政策方面理论性较强的研究工作，也可以在金融机构和企业，如银行、证券公司等，从事经济分析、预测、规划和经济管理等实践性较强的工作。

二、学习要点及能力要求

学生公司课程主要涉及生物学知识、经济学知识、企业管理知识、生涯发展规划等多方面内容。

课程具体知识、能力要求如下：

（1）掌握植物克隆、精油提取、果酒果醋制作等生物实验技能。

（2）自选研究项目，自行设计科学实验，体验科学研究的过程。

（3）运用经济学知识和职业规划方面知识可以进行以下工作：

① 组建学生公司：设定公司目标，建立公司章程，组建基本人事管理部门，进行管理岗位竞聘。

② 制订商业计划：制订酬金计划和公司预算，设计广告企划和营销战略，制定合理产品价格，制定生产安排。

③ 管理学生公司：举行生产和销售培训，开展销售活动，在活动过程中有完整的生产、销售、人事和财务记录，监控目标实现的进程。

④ 清算学生公司：总结公司阶段经营情况，完善公司经营的具体措施；制订公平、合理、切合公司实际的工资方案；准备和发放年度报告。

（4）通过掌握的生物实验技能，进行新产品的研制、开发及公司的生产经营等活动可以使学生：

① 提高学生可持续的科研能力、创造能力和综合实践能力；

② 提高与他人合作的能力和语言表达能力；

③ 提高反思总结能力和分析问题的能力；

④ 提高学生的自我领导力和组织领导力，增强学生自我管理及对外实践的能力；

⑤ 树立尊重劳动、尊重人才、崇尚知识的价值观念；

⑥ 增强市场竞争意识、节约意识，以及社会责任感；

⑦ 树立创业意识，为今后走上社会打下基础。

三、学习方法建议

1. 体验式学习

"生物技术学生公司"课程包括了产品研发、产品制造、产品销售等环节，是一种以参与、体验为主的课程形式。为此要想学有所获、锻炼能力，选修此课的学生必须积极参与所有课程活动，在参与体验中获得成长。

2. 研究性学习

本课程由于有大量需要研发性项目，如人工琥珀、精油项链、冷制手工皂、甜橙清润乳等，这些产品均需学生自行设计科学实验，研发新的产品，在此过程中需要学生能够将所学的生物学理论知识应用到生活实践中。这一过程是体验科学研究即研究性学习的过程。

3. 分享式学习

本课程包括了生物实验技能的掌握，新产品的研制、开发及公司的生产经营等活动，每个活动可能是不同组的学生参与，为了有更多的收获，需要不同组同学们之间的交流和分享。因此，选修本课的同学要积极运用分享的方式进行学习，既要勇于分享自己在课程中所体会的观点、感悟，又要善于倾听他人，领会他人意图，挖掘可以借鉴的地方，从相同与相异的观点、感悟中获得成长。

4. 自主学习

本课程需要调动学生的主体作用，发挥主观能动性，自主地提出策划方案、自主地设计实验、研制生物产品、制定销售计划等，所以是一种真正意义上的自主学习。如果没有自主性，只等他人布置任务的人在此课程中是难以有真正的收获的。

第四节　科学探案课程指导

科学探案校本选修课是广泛运用现代科学技术培养创新性思维的课程，可作为基础教育阶段创新人才培养的突破口和有效载体，能够对培养中学生的综合素质和创新能力发挥积极的推动作用。它是基于"观察—推理—证明"的研究思维模式，与自然科学的研究思路相一致。选修课内容涉及数学、物理学、化学、生命科学、信息科学、材料科学、能源科学、环境科学、光电技术以及新材料技术等多种自然学科，以传统中小学自然、物理、化学、生物等科学课程为载体，以"科学探案"实际问题为抓手，开展教育教学活动，目的是激发学生主动性，提高学生发现问题、分析问题和解决问题的能力。

作为高中生，即将步入大学，自己的生涯规划与专业的选取也迫在眉睫。"科学探案"选修课，聚焦于中国人民公安大学刑事科学技术学院，以专业课程的形式，引领学生从更加专业、全面的角度深入了解中国人民公安大学，它是公安部直属的普通高等院校暨公安部高级警官学院，创办于1948年7月，建校60多年来，为全国公安政法机关培养、输送了20余万名各级领导、业务骨干和专门人才，被誉为"共和国警官的摇篮"。"科学探案"选修课的开设，为学生未来的发展方向打开了一扇窗户，尤其对此方面感兴趣的学生，可以更早地接触了解相关专业课，为将来报考中国人民公安大学做了很好的衔接与铺垫。另外，对于其他学生，如此近距离地接触大学专业性的相关教学内容，可以帮助他们学会深入了解某个专业某个行业的思路与方法，而且对他们眼界的开阔、未来专业的选取和理想职业的谋划有积极的促进作用与意义。

一、科学探案校本选修课程主要内容

"科学探案"校本选修课程，主要由中国人民公安大学的教师团队来主讲，是包括中国人民公安大学刑事科学技术学院郭威教授、丁锰老师、姜红副教授等在内的一个公安大学专业技术团队。课程主题内容包括犯罪现场调查与科学、模拟犯罪现场勘查、证据之王——指纹掌纹、探迹寻踪——现场足迹、犯罪现场中的化学问题、无形证据——电子数据、公安天眼——监控视频、罪犯克星——DNA等。

二、高校主要相关专业

（一）刑事科学技术专业

本专业培养具有良好科学素养和人文素养，熟悉党和国家的路线、方针、政策，掌握本专业基础理论、基本知识与基本技能，具备开展刑事科学技术工作的职业核心能力和创新精神，能够在公安机关从事现场勘查、分析、重建以及常规物证检验、鉴定工作的应用型高级专门人才。本专业限招理工类考生，学制4年，授予工学学士学位。

主要课程有：指纹检验、足迹检验、刑事图像技术、文件检验、法医学、犯罪现场勘查、刑事侦查学等。

教育部高校招生阳光工程指定信息平台——阳光高考网（http://gaokao.chsi.com.cn/）显示，开设该专业的高校有中国人民公安大学、中国刑事警察学院、西南政法大学和北京警察学院等23余所。全国高校毕业生规模为1000～1500人，近两年全国就业率分别为70%～75%（2012年）和70%～75%（2013年）。

（二）侦查学专业

本专业培养掌握马克思主义基本原理，具有良好的科学素质与人文素养、警察基本素质和技术技能，全面掌握侦查学基础理论、基本知识和基本技能，能够在公安机关等政法部门从事刑事侦查、经济犯罪侦查等方面实际业务工作和教学、科研工作的应用型高级专门人才。侦查学专业下设刑事侦查、经济犯罪侦查两个专业方向。本专业文理兼收，学制4年，授予法学学士学位。

1. 刑事侦查方向

本方向培养具有扎实法学功底，熟悉新形势下刑事犯罪规律、特点，掌握先进刑事侦查技能，能够胜任刑事侦查实际工作及本方向教学、科研工作的应用型高级专门人才。主要课程有：犯罪现场勘查、刑事案件侦查、侦查措施、侦查讯问等。

2. 经济犯罪侦查方向

本方向培养熟知市场经济运行规则，熟悉市场经济条件下经济犯罪规律、特点，掌握现代经济犯罪侦查技能，能够胜任经济犯罪侦查实际工作及本方向教学、科研工作的应用型高级专门人才。主要课程有：经济犯罪侦查学基础、经济犯罪案件侦查、

司法会计等。

开设该专业的高校有中国人民公安大学、中国政法大学、北京警察学院和华东政法大学等 30 余所。全国高校毕业生规模为 3500～4000 人；近两年全国就业率为 70%～75%（2012 年）和 70%～75%（2013 年）。

（三）治安学专业

本专业培养适应社会主义和谐社会建设的需要，掌握马克思主义基本原理，政治坚定，具有良好职业素养、科学素养和人文素养，熟悉党和国家关于公安工作的路线、方针、政策，掌握本专业基础理论、基本知识与基本技能，具备维护社会治安秩序和公共安全等实际工作所需的专业核心能力和创新精神的应用型高级专门人才。治安学专业下设治安学与公安法制两个专业方向。本专业文理兼招，学制 4 年，授予法学学士学位。

1. 治安学方向

主要培养能在各级公安机关治安系统从事决策和管理实务的高级专门人才。主要课程有：治安学原理、治安案件查处、危险物品管理、户政与人口管理、公共安全危机管理、保卫学等。

2. 公安法制方向

主要培养能适应公安工作需要、德才兼备的公安法制高级专门人才。主要课程有：法理学、中国法制史、宪法学、刑法学、刑事诉讼法学、行政法与行政诉讼法学、民法学、民事诉讼法学、商法学、国际法、国际经济法学、警察法学、犯罪学、刑事侦查学、治安管理学等。

开设该专业的高校有中国人民公安大学、公安海警学院、中国刑事警察学院和华东政法大学等 30 余所。全国高校毕业生规模为 2500～3000 人；近两年全国就业率为 75%～80%（2012 年）和 70%～75%（2013 年）。

三、"科学探案"校本选修课程学生准备

课程内容涉及数学、物理、化学、生物学、信息技术等学科，并与侦查破案相结合，以案件推理思维为起点，通过兴趣引导，开展全方位的思维训练。

对学生的要求：①学生有必要的基础学科知识；②对侦查破案有一定的兴趣；③具备一定的实验设计、实验研究技能；④能运用比较、分类、归纳和概括等方法对获取的信息进行加工；⑤能用变化和联系的观点分析一些常见的现象；⑥能主动与他人进行交流和讨论，清楚地表达自己的观点。

第五节 普通天文学课程指导

普通天文学属科技类选修课，主要介绍天球与天球坐标系、时间计量和天文望远

镜等天文观测的基础知识，以及太阳系、恒星、星系和宇宙的结构与演化的主要研究成果。通过学习，帮助学生了解天文学的主要研究手段、重要的观测现象和基本的理论成果，为后续的大学专业选择做好准备。

一、学科价值与相关专业走向

（一）学科价值

天文学的研究对于我们的生活有很大的实际意义，对于人类的自然观有很大的影响。古代的天文学家通过观测太阳、月球和其他一些天体及天象，确定了时间、方向和历法。哥白尼的日心说曾经使自然科学从神学中解放出来；康德和拉普拉斯关于太阳系起源的星云说，在18世纪形而上学的自然观上打开了第一个缺口。天文学循着观测—理论—观测的发展途径，不断把人的视野伸展到宇宙的新的深处。随着人类社会的发展，天文学的研究对象从太阳系发展到整个宇宙。

学校从提高学生素质和培养能力的目标出发，"普通天文学"的学科价值主要通过不同层级教学活动实现。

1. 第一层级：社团活动课程

帮助学生成立天文社团，利用每周固定时间进行天文知识学习，掌握太阳观测方法，学习常规的天文望远镜使用练习。在天气允许的情况下，每周进行2~3次的天文观测活动，进行找星、认星的活动，总结月掩星的规律，练习使用高端天文设备等。定期到天文馆进行参观学习，阅读《天文爱好者》等天文书刊以获取最新的天文时事。带领学生走入天文世界，掌握延伸自己学科兴趣的方法。

2. 第二层级：校本选修课程

引导天文社团中卓有兴趣的同好自由选择天文选修课程，以严格的理论学习提升自我的天文学素养，并借助定期的天文观测来提升天文学研究能力。在由"普及到精英"逐渐过渡的培养模式中，天文科技组从天文社团活动中脱颖而出，利用日常观测积累经验，并在暑期进入高价天文台站，走近科学家，开始真正的"天文学家"之旅。

3. 第三层级：课题研究课程

帮助学生获得在天文学家身边成长的机会，进一步激发了学生的研究兴趣，从太阳系到整个宇宙，从双子星到黑洞，这些充满神奇的宇宙空间和未知事物给予学生大量的研究课题，同学们从日常的普通观测入手发现问题，借助科研院所专业的研究设施和科学家们专业的指导，向着自己的未解之谜前进。

（二）大学相关专业

天文学相关专业属理学类，目前有天文学和天文高新技术与应用两个培养方向。教育部招生"阳光工程"制定信息平台"阳光高考网"显示北京大学、北京师范大学、南京大学、中国科学技术大学等高等院校招收本专业。

关于以上相关大学的招生规模和历年录取分数等，准备参加高考的考生可以到"阳光高考网"http：//gaokao.chsi.com.cn/查询。

1. 新高考政策下报考天文学专业，需做好的准备

（1）预计需要选考物理学科；

（2）在高中阶段最好参加过天文学活动课程、观测课程的学习或参加过天文奥赛；

（3）综合素质评价平台中能体现有天文学方面的研究性学习成果；

（4）综合素质评价中体现出参加过有关天文学方面的社会实践活动、天文社团、天文活动等。

2. 天文学专业的学习内容

专业课：天体物理概论、星系天文学、星系动力学、辐射机制、光谱学、恒星物理、广义相对论、宇宙学、活动星系核、吸积与喷流、相对论天体物理、统计方法、实测天体物理等。

3. 天文学专业就业前景

天文学专业毕业后的出路和相关要求有以下一些：

（1）报考研究生：可以选择本专业或者跨专业报考研究生，需要通过国家全日制硕士研究生入学统一考试和院校复试。

（2）出国留学：可以选择本专业或者跨专业继续学习，需要投入经济成本，需要一定程度的外语水平和生活能力。

（3）中小学和科普机构任职：本科以上学历，需要考取教师资格证书，对个人综合素质要求较高。

（4）大学或科研院所任职：一般需要硕士研究生以上学历，对研究能力要求较高。

二、学习要点及能力要求

（一）学习要点

了解天文学有关的基本常识和近两年发生的较为重大的国内和国际上天文方面的新闻；

掌握小学和初中地理、物理或科学课教材中涉及的与天文有关的内容；

掌握天体的大小和距离尺度，天文学常用距离单位的定义和换算；

掌握流星的原理和观测，人造天体的原理和观测；

掌握光学天文望远镜的基本概念和简单使用。

（二）能力要求

具有中学数学、地理、物理或科学等学科有关知识；

对天文观测及天文学知识感兴趣；

具有较好的科学素养；

具有较强的观察、分析、推理、归纳能力。

三、学习方法建议

1. 参与式学习

通过参加天文基础知识讲座，提高自身对天文学的认识，进一步激发自我对天文学的兴趣，发掘自身的潜力；推进天文普及活动。

2. 体验式学习

（1）通过日常观测，培养自己的实践动手能力；

（2）通过对重大天象的观测，提高自己对天文学研究方法的了解；

（3）"路边天文"主要为学生自发的天文科普活动，定期携带望远镜走入兄弟学校、社区进行太阳等天体观测，随地开展"路边天文"活动邀请路人参与观测，推动天文普及的同时提升自身的科学素养和科学品质。

3. 研究性学习

通过课题研究，提升自身的天文学科研能力和研究情趣。针对在天文方面有极大兴趣和特长的学生，通过专家辅导和日常天文观测，提高学生的天文综合素质，培养天文奥林匹克精英。

第六节 简单经济学课程指导

简单经济学是政治学科拓展的校本选修课。之所以开设这门课程，是因为高中学生在高一第一学期的政治课堂上已经学习了"经济生活"，对社会经济现象产生了好奇心，开始有意无意地关注各种经济现象及其变化。然而在高中政治教材中，西方经济学和马克思主义政治经济学没有被明显地区别开来，学生在有些概念上存在理解误区，以致对一些经济现象存在误解。本课程力图通过对现实社会中经济现象的分析，以知识普及为主要目的，以小专题的形式深入浅出地介绍西方经济学中微观经济学的一些基本理论。

一、课程价值与相关专业走向

（一）课程价值

1. 价值追求

著名剧作家萧伯纳曾说："经济学是一门使人生幸福的学问。"第一位诺贝尔经济学奖得主，美国经济学家保罗·萨缪尔森这样阐述经济学的作用："在你的一生中——从摇篮到坟墓——你都会碰到经济学的严酷真理。作为一个选民，你不得不对通货膨胀、失业或保护主义等问题做出决策，而这些问题只有在你掌握了经济学的初步知识后才能够理解。……学经济学并非要让你变成天才；但若不学经济学，命运就很可能会与你格格不入。"通过经济学的选修课，让学生进一步走近经济学，增加一个看待世界的新角度，更清晰地了解社会，是开设这门课的价值追求。

2. 现实意义

从学生的生涯规划考虑，近些年社会对经济学专业的岗位需求一直居高不下，就业趋势持续走高，经济学专业就业的平均工资也令人羡慕。在高中阶段开设经济学选修课，也是希望通过这门课程让学生对经济学真正感兴趣，而不是浅尝辄止，同时尽可能为未来选择专业和就业奠定一些知识基础。

（二）大学相关专业

1. 总体介绍

经济学作为一个大的专业学科，下面还有很多的分支，像西方经济学、金融学、财政学、数量经济学、产业经济学等一直都是学子们关注的重点。本着"宽口径、厚基础"的教学方针，本科新生前两年不分专业，以学习经济学的主干基础课程为主。一般从第三年开始，学生可以根据自己的职业规划和兴趣特点来选择自己喜欢和适合的专业领域和培养方向。

2. 主要课程

微观经济学、宏观经济学、政治经济学、经济学说史、西方经济学流派、国际经济学、发展经济学、产业经济学、金融学、统计学、会计学、企业财务学、管理学、经济学基础、财政学、货币银行学、国际贸易、国际金融、市场营销、企业经济学等。

3. 专业方向与就业前景

（1）经济学专业。

该专业知识面较宽，培养能在综合经济管理部门、政策研究部门，金融机构和公司企业从事经济分析和经济管理工作的专门人才。适合有志成为经济理论研究者、宏观经济管理者和职业经理的青年学生，也为希望向经济学相关领域扩展，在国内或出国继续深造的学生打下坚实的基础。

（2）国际经济与贸易专业。

该专业学生不仅学习国际经济基本理论，还必须具备与较高的外语水平和电子商务运用能力。主要培养适应经济全球化趋势，希望从事国际经济、贸易、商务工作的学生。该专业的毕业生在职业上的选择空间比较大。

（3）金融学专业。

该专业不仅学习国际金融、证券、投资、保险等方面的理论知识，还包括一些实践应用性课程，培训一定的业务技能，提升学生个人的竞争能力。适合立志在中央银行、外资或国有商业银行、证券公司、投资银行或机构、保险公司及其他经济管理部门和企业从事相关工作的学生。

（4）财政学专业。

该专业学生既需要学习经济学基础理论，又需要学习财政税务、财务会计知识，同时必须具备较高的外语和计算机水平及较强的研究能力、决策能力和管理能力。该专业的毕业生适合从事政府部门的公共经济研究和政策制定工作，也可任职于各类大型企业、会计师事务所等机构，从事资产评估、税务代理等工作，还可以从事教学研究工作。

4. 其他专业

企业管理和社会心理学当中与经济相关的内容都在该选修课中有所涉及，因此并非只有志向是经济学专业的学生能够从中受益，希望学习管理学和心理学的学生也一样可以通过这个选修课在高中期间获得相关知识的积累。

二、选修课特色及能力要求

（一）本选修课特色

1. 旨在引发学生对经济学的兴趣

本课程尽量摆脱经济学中让大多数学生感觉艰深晦涩且枯燥乏味的图表数据，从学生的真实生活出发，让经济学更接地气。在课程中，教师指导学生留心观察身边事物，寻找社会中有趣的经济现象，并借助经济学的相关理论进行分析与论证。

2. 以小专题的形式授课

虽然本选修课设置的课程内容不像一般的经济学教科书那样体系森严，但是在某一专题下结合故事、案例等内容介绍相关的具体概念、定律、效应、理论等，可以增加课程的趣味性，使学生理解起来更加轻松。例如什么是心理账户？什么是注意力经济学？什么是节俭悖论？什么是巴菲特定律？什么是囚徒困境？什么是马太效应？什么是破窗理论？什么是钻石模型？等等。主要专题包括：经济学与数学的区别、供求关系与信息经济学、隐形的经济行为意识、稳妥的投资、企业管理中的经济学、做理智的消费者等等。

（二）能力要求

考虑到高中学生在高一第一学期已经学习了经济生活，对经济学的一般规律有了初步的认识和了解，所以这门选修课在每学年的第二学期开设为宜。学生们通过之前对课本知识的学习，已经具有了能够分辨社会经济现象的能力，在此基础上开设简单经济学这门选修课，可以结合现实生活为课本知识进行补充，让学生多了解一些有趣的经济学原理和定律，开阔学生视野。

此外，该选修课在师生交流互动的过程中，十分重视学生对社会观察能力、独立思考能力和分析事物能力的培养，也希望本身对经济学感兴趣而且平时留心观察生活并对一些现象持有自己见解的学生选择这门课程。希望通过这门选修课，能够帮助他们发现更多社会现象背后隐藏的经济因素，体会经济学在社会各领域中的应用，还可以借助经济学原理深入地分析较为特殊的经济现象，感悟经济学中蕴藏的智慧。

第七节　模拟联合国课程指导

本活动课程主要是介绍"联合国"活动的基本知识，包括联合国会议中的具体程序、规则、技巧和礼仪等等，在了解了以上内容之后，让学生就某些话题开展"模拟联合国"会议，按照联合国会议的规则和流程讨论国际热点问题。"模拟联合国"活动课程可以培养学生关注社会热点问题的意识，通过多种途径搜集整合信息的能力，创造性地提出个人观点的能力，辩论及商讨解决问题方案的能力等。从而引导学生关注现实世界，提高综合能力。

一、学科价值与相关专业走向

（一）学科价值

1. 联系社会实际，提高综合能力

"模拟联合国"活动是学生社会实践的一个平台，是对思想政治课的课外实践的有效补充。通过参与"模拟联合国"会议，学生在写、讲、辩等多方面的综合能力可以得到锻炼和提高。学生们对于所代表的国家的政体、国体，所执政的政党的基本主张需要有所了解，因此学习政治常识成为一种需要。学生们有了这种需要，就会主动学习，可以激发学生对社会现实以及政治生活的兴趣。

同时，由于"模拟联合国"活动所讨论的话题十分广泛，有利于开阔学生视野，培养学生了解时事、了解国际关系，用国际化的眼光来看待世界、思考问题的能力，提高了其政治敏感度；在扮演不同国家的外交官时，学生从世界公民的角度，关注国际政治变化，认识到政治问题的重要性，思考如何改变现状；同时，要把自己的思考有理有据地表达出来。因此，"模拟联合国"课程的最大特点是：联系社会实际，提高综合能力。

2. 增强跨学科的交流与学习，促进学生全面发展

"模拟联合国"活动所探讨的议题涉及经济、政治、文化、地理、历史等诸多方面，具有跨学科的性质。学生必须深入地了解世界背景和相关知识并进行多角度、多方面的分析，才能提出建设性的议案，在会议中建立威信、把握主动。因此，参加"模拟联合国"活动，可以拓展学生的知识面。引导学生较全面地运用各科知识，多角度、多方面地分析、解决问题。

（二）大学相关专业

1. 国际政治专业

（1）国际政治专业介绍。

教育部招生"阳光工程"制定信息平台"阳光高考网"显示，北京大学国际关系学院、国际关系学院、第二外国语学院、中国人民大学、北京语言大学、中央财经大学、南开大学、复旦大学等45所高校开设此专业。截止到2013年，招收的文科生占82%，招收的理科生占18%。

关于以上相关大学的招生规模和历年录取分数等，准备参加高考的考生可以到"阳光高考网"http：//gaokao.chsi.com.cn/查询。

（2）国际政治专业学习内容。

培养具有扎实的国际政治理论基础、宽广的专业知识和分析解决实际问题能力的国际问题研究、教学和涉外工作的专门人才。要求学生比较熟练地掌握一门外语，具有较强的外语阅读、翻译能力和较好的听说能力。主要课程有：国际政治概论、国际政治经济学、国际格局与国际组织、国际关系与国际法、现代国际关系史、中华人民共和国对外关系、世界政治经济制度比较、国际战略学、军备控制与裁军等。

（3）国际政治专业就业前景。

国家公务员，在各级党政机关、外事部门工作，负责行政与外事协商以及政策研究。

学校教师，在中小学以及高等院校或科研院所工作，负责国际政治及相关专业的教学和科研。

记者、编辑，在中央或地方新闻媒体机构工作，负责创意策划、理论编辑和新闻采编。

研究人员，在科研机构工作，负责相关理论研究和对国家相关政策的分析。

2. 外交学专业

（1）外交学专业介绍。

教育部招生"阳光工程"制定信息平台"阳光高考网"显示北京大学国际关系学院、中国人民大学、北京外国语大学、厦门大学、武汉大学、复旦大学等10所高校开设此专业。截止到2013年，招收的文科生占77%，招收的理科生占23%。

（2）外交学专业学习内容。

外交学培养具有综合性外交学与外事理论，涉外政治、经济、法律知识，具有外交与外事人员所具备的业务知识和技能，能适应各种涉外工作环境的专门人才。主要课程：外交学、中国外交史、外事管理概论、涉外秘书学、外事礼仪、公共关系、涉外企业管理、经济外交、国际旅游、中华人民共和国涉外法律概论等。

（3）外交学专业就业前景。

就业方向集中在国家部委机关、新闻出版部门、金融单位、大中型国企和跨国公

司、高等院校等。

3. 国际事务与国际关系专业

（1）国际事务与国际关系专业介绍。

教育部招生"阳光工程"制定信息平台"阳光高考网"显示，北京大学国际关系学院、北京外国语大学、第二外国语大学、西安外国语大学等9所高校开设此专业。截止到2013年，招收的文科生占69%，招收的理科生占31%。

（2）国际事务与国际关系专业学习内容。

该专业旨在培养学生对当今全球力量的整体认识。该课程涉及的范围极广，包括历史、政治和国际关系、文化研究和现代语言等。

（3）国际事务与国际关系专业就业前景。

该专业的毕业生主要定位外企、政府对外经济文化部门和学术机构（如金融财会与管理毕业生可就业于专业外贸公司、金融机构等单位从事国际贸易及国际化经营管理活动以及相关政策研究机构）。学生毕业后还可以报考国内外大学的研究生。

二、学习要点及能力要求

了解联合国的相关知识；了解模拟联合国的基本知识。

能围绕某一国际热点话题，收集资料，并形成自己的观点，撰写会议文件。

能就一个话题，展开研究、辩论及商讨，最后形成解决的方案。

掌握辩论和游说的技巧。

调查研究、写作演讲、谈判沟通能力。

收集、分析、处理和运用信息的能力。

拓展国际视野、激发学习能力、培养领袖气质和合作精神。

三、学习方法建议

1. 小组探究合作学习

开展相关培训，熟悉模联机制根据每届新招模联人的实际情况我们准备一系列的基础培训课程，包括研究中学生模拟联合国大会规程；熟悉大会流程；训练各种立场文件、公文、决议草案、修正案的写作技巧；训练各种调查研究方法；训练公开演讲、辩论、沟通与外交技巧；训练解决冲突、求同存异的能力；培训外交礼仪和代表风度；讲授国际关系基本常识和基础博弈论；加强英语口语的训练等内容。

2. 研究性学习

时政热点讨论，提高政治敏锐性。定期开展时政热点讨论会和播放时政热点视频，让参加模拟联合国活动的"代表"（学生）进行沟通与交流，增强学生的国际时政敏感度。讨论的主题主要为当前国际社会的热点问题，在分组讨论中，分别代表事件所牵涉主要国家或组织，根据主席所提供的背景和逐步发布的信息，通过讨论做出相应的、最符合国家利益的反应。这个过程培养了学生自主学习与调研的能力。

3. 体验式学习

召开"模联"大会,体验"外交官"角色。参加各种规模的"模联"会议,体验"外交官"角色。在"模联"会议上,各国代表为了所代表国家的利益,踊跃发言,表明自己的立场。在会议中途,学生可以灵活动议,转移话题或自由磋商,使会议向着有利于自己这一方发展。此过程能够促进学生知识的建构和认知的发展,过程比结果更重要。在与他国代表沟通、磋商的过程中,学生的与人沟通、合作的交际能力也得到了很大的提高。

第八节　数字造型艺术课程指导

数字造型艺术建立在电脑硬件和数字艺术软件基础之上,在当今的电影、动画以及游戏中发挥不可替代的作用。学生可以了解数字电影及游戏里艺术造型基础知识,学习数字造型软件,并通过手写板自由自在地发挥想象力,随意雕刻自己头脑中的形象,运用全新的方式完成三维艺术造型,还可以发挥创造力,进行产品设计。

一、学科价值与相关专业走向

(一)学科价值

电脑多媒体、网络媒介在世界各地广泛普及,使数码艺术拥有了更加丰富、高效的创作手段和表现方式,电脑绘画、电脑设计不仅成为当代艺术与设计的重要组成部分,也是社会文化的重要组成部分。现代媒体艺术的实践活动,能帮助学生体验现代媒体在艺术表现活动中的独特魅力,提高参与艺术表现的兴趣,发展想象力和创造力。

数字造型艺术对同学们的具体价值在于以下三个方面:

(1)学生在学习过程中,利用计算机技术和国际互联网资源主动地收集、筛选、分析、整理视觉图像和相关背景资料,扩展学习资源,开阔视野。

(2)学生学习用计算机技术创作美术作品,并利用互联网大胆发表和传播自己的美术作品和学习心得,建立担当意识和社会责任感。

(3)结合学生生活进行艺术创作,发展想象力和创造力,增加了学生自信心。

(二)大学相关专业

1. 视觉传达专业招生介绍

数字艺术专业属于艺术学门类,学科为设计学类。截止到2013年,招收的文科生占87.88%,招收的理科生占12.12%。全国600多所学校开设此专业,考生选择面广。

各个高校在培养特色和课程设置上也有不同侧重，有的侧重于媒体，有的偏向于平面；有的细分了多个专业方向。在日常的学习和生活中，同学们若存在下列倾向，可以考虑报考设计专业。

（1）对美术有浓厚的兴趣。

（2）愿意花大量课外时间和精力，学习素描、色彩、速写等与艺考相关的知识。因为艺术类专业，一般参加全国艺术类提前批次录取，很多报考设计类相关专业的学生除了要参加艺术类的省统考外，还要参加招生院校组织的校考。

（3）富有创造性和表现力，对于文字、图形、色彩、造型有独特的感悟能力。

（4）喜欢了解设计某些领域的发展动态以及设计相关产业发展状况。

（5）不同艺术院校录取政策差异较大，了解报考学校的美术专业录取政策，是侧重文化成绩还是专业成绩，再根据自身情况，扬长避短。

2. 视觉传达专业的学习内容

视觉传达设计专业核心课程包括：造型设计基础、色彩构成、平面构成、立体构成、品牌设计、广告设计、包装设计、编排设计等。

视觉传达专业方向课程包括：交互设计、影像设计、动画设计、展示设计、创意形态学、动画设计、商业影像、网络多媒体艺术、影视与数字特效设计、插图设计等。

3. 视觉传达专业就业前景

视觉传达设计在就业方向上主要可以分为三方面：一是二维平面设计，例如，标志设计、插图设计、书籍装帧、海报设计等；二是三维立体设计，例如，展示设计、包装设计等；三是四维设计，例如，舞台设计、影视广告设计、公司推广短片等。对于毕业生来说，不需要你面面俱到，只要把基础知识、基本能力掌握扎实，选好一个方向，把握一技之长，找工作还是不成问题的。毕业后的就业方向为以下几方面：

（1）可以在广告公司、设计公司、彩色印刷、家装公司、企业策划设计公司等设计部门担任平面设计、装饰设计、效果图设计、展览、展示设计等工作；

（2）可在出版机构、报社、杂志社、网站等媒体、相关设计类企业的设计部门从事美术编辑、摄影、刊物设计、装帧设计、产品包装设计、网站形象设计、网页制作、Flash设计等工作；

（3）还可在电视台、影视制作公司、媒体与传播类公司，从事影视制作、栏目包装、企业形象宣传片、产品专题片、视频拍摄、影视编辑等工作；

（4）也可在相关高等院校或教育机构，从事设计、设计管理、艺术教学等工作。

二、学习要点及能力要求

鉴赏具有鲜明艺术特色、文化内涵以及与生活经验相关联的现代媒体艺术作品，用美术及相关术语表达自己的感受与理解。

选用一种或几种计算机软件，如用Photoshop、ZBbrush、Painter等进行数字造型创作或设计。

学习用口头、书面等方式评价自己和他人的数字造型艺术作品。

具有一定的艺术修养，能综合运用所学知识与技能去分析和解决实际问题。

三、学习方法建议

1. 探究式学习

勇敢对于美术上的问题进行思考，提出自己的见解。美术作品给人们一种感受，而这种感受，可能因为人们自身的经历而不同，希望同学能大胆提出自己的见解，运用此法，有利于培养学生的想象力和创造力，促进个性的形成和发展。

2. 自主式学习

学生课下可以通过欣赏优秀数字造型作品，以培养学习美术的兴趣和艺术感受力的学习方法。欣赏是手段而不是目的，为此绝不能单纯欣赏，必须了解作品好在何处，运用哪些手法，要仔细观察，从中看出子丑寅卯来。从全貌到局部再到全貌。处理欣赏佳作，还要勤动手临摹，这样不仅得到美的享受，而且培养了艺术表现力。

3. 合作式学习

课堂上明白老师布置的任务后，要以小组为单位进行分工合作，发挥自己所长，在进行方案创意时，大胆运用头脑风暴的方式，进行发散思维，创意思考的时间要有保证，方案经过小组的讨论确定，再进行草图创作。

第四章 提高学业能力

> **导读**：本章从科学的学习方法指导入手，让你学会科学学习，提高自我监控与管理能力，从而提高你的学业能力。

第一节 让你学得更好——认知技能训练

一、新知学习

高中学习中几乎每天你都会接触到大量的新知识，如果每天你都能很好地理解和掌握这些新知识，那么日积月累，将形成良性循环。你既能体验到成功，也能让自己越来越轻松。下面的一些方法将帮助你更好地学习和掌握新知识。

➢ 原理

（一）提前预习

1. 预习能帮助你提前了解新课中教师要讲解哪些内容并初步理解这些内容。
2. 预习能帮助你了解新知识与哪些旧知识有联系，适当复习和回忆旧知识。
3. 预习能帮助你带着问题和思考，在课上重点听某些内容或与老师互动。

（二）学会提问

消除课上提问"显得笨""影响教学"的顾虑，运用以下几种方法把新知识弄明白。

方法名称	问句示例
比较法	"有什么相同点？"；"有什么不同点？"
因果法	"为什么……？"
倒推法	"要这样，上一步必须怎样？"
发散法	"还有没有？"；"还能怎样？"
假设法	"如果……，那么……"；"要是……则……"
自我提问法	"我怎样……"；"我……了吗？"

（三）加深理解，巩固记忆

（1）理解得越深的知识记忆越牢固，因此学习新知识时你要在了解"是什么"的基础上理解"为什么"，最好还能明白所学知识的意义。

（2）记忆一些材料前，先把记忆内容进行分析归类，分部分进行记忆，你会感觉更轻松。

（3）"手脑并用"的多感官参与有利于记忆，你可以边记边写或者边读边记。

（4）采用"联想"法自编故事或者口诀进行记忆，能起到事半功倍的作用。

（5）采用"过电影"的方式，把一天上的课和老师讲的东西回忆一下，能大幅度提高记忆效率。

（6）根据"遗忘曲线"在记忆完成后的 20 分钟内、一天内、3 天内、一周内分别进行复习将有效巩固记忆。

➢ 成功案例

周婷（化名）同学每次都能很快地掌握所学新知识，在向同学们介绍经验时，她提供了自己的新知识学习流程图：

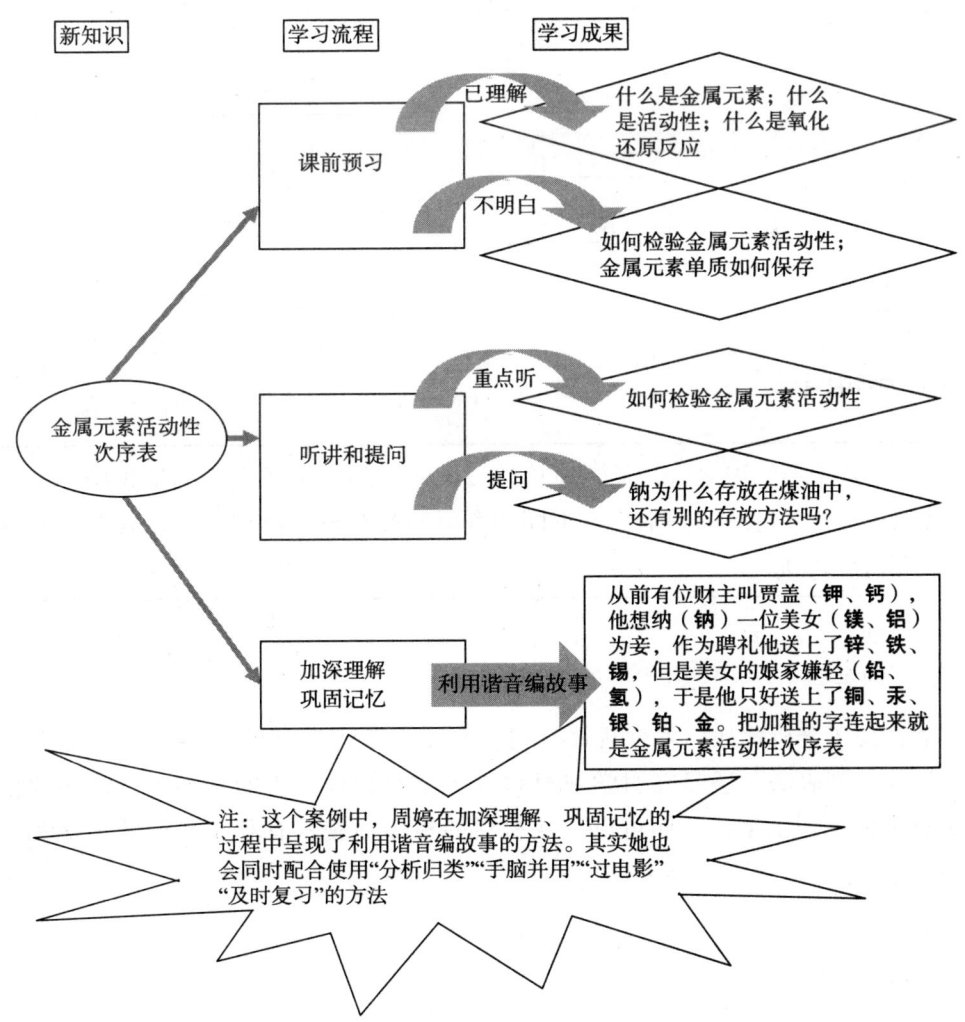

➢ 自我训练

请根据原理学习，结合周婷的案例进行新知学习，也绘制你自己的新知识学习流程图：

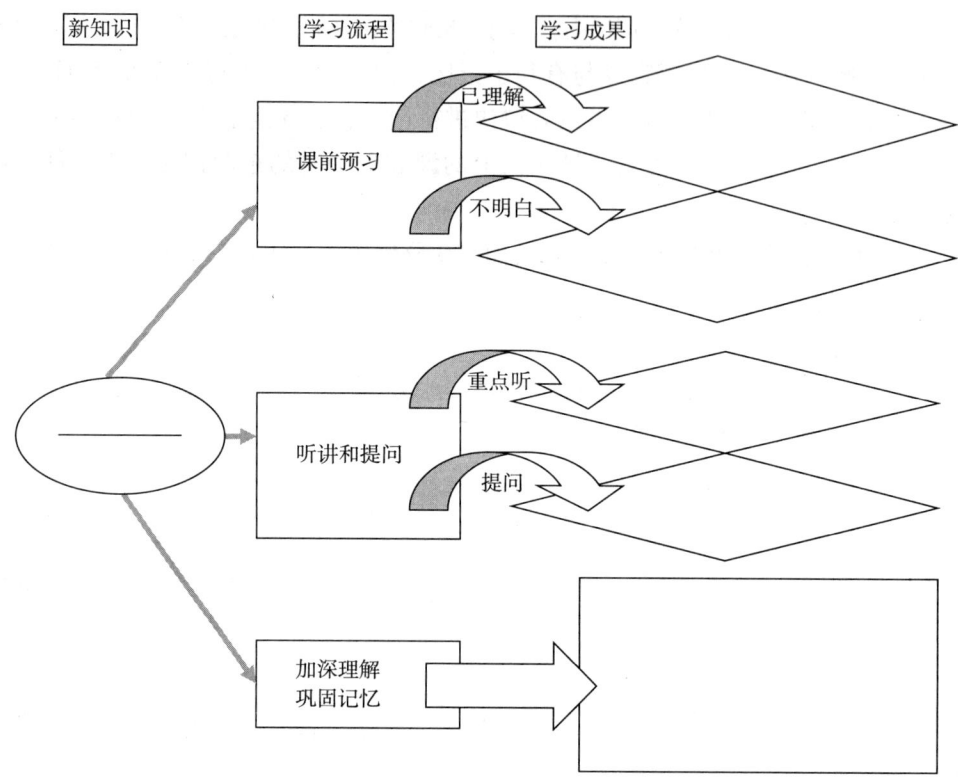

二、总结归纳

> 学习了若干新知识之后，及时地总结归纳将帮助你形成良好的知识结构。你的头脑就像一个井然有序的图书馆，不同的资料归类存放、排列有序，要找什么都能迅速、准确地找到。

➢ 原理

（一）列表法

列表法便于分析比较、发现规律。列表时要注意将学习材料分解全面，归纳相同点与不同点。列表法一般是在对学习材料进行全面综合分析的基础上提取主要信息，将知识点全部陈列出来，从而可以反映材料的整体面貌，有利于知识的记忆和掌握。例如：

历史朝代和知识整理一览表

名称	起止时间	时代特征	政治	经济	文化	外交	民族政策
唐							
宋							
元							
明							
清							

（二）结构图法

结构图法便于揭示知识之间逻辑的关系，而且一目了然，便于记忆。结构图一般由几何图形和连线构成，反映层级、包含、并列、类属、关联等关系。

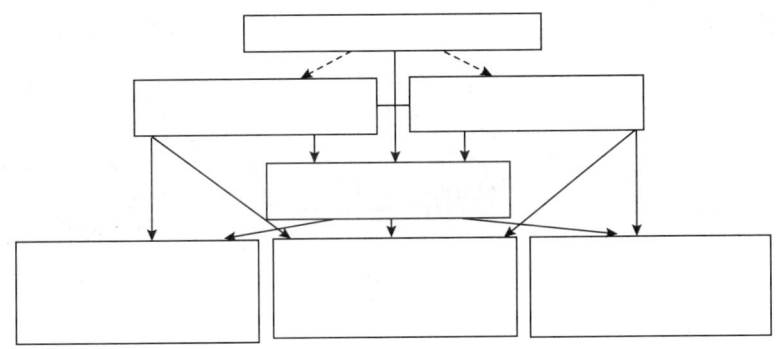

结构图样式

（三）天盘、地盘学习法

天盘、地盘学习法是指用天盘、地盘帮你梳理知识，提取关键点，理出逻辑关系，看清整体轨迹和规律的方法。"天盘"的形状就像宇宙的星系一样，各星球分为不同层级，又相互联系。例如下图，以太阳为中心和起点，引出围绕它的八大行星，以每一个行星为中心又环绕各自的卫星。太阳代表较高知识层级，行星是第二知识层级，卫星代表小知识点。整个太阳系就类似于你要整理的某个知识体系。

如果"天盘"是一棵大树的树干，那么"地盘"就是包含了树干、树枝、树叶的整棵大树，在先绘制"天盘"的基础上可以绘制"地盘"。例如，太阳系八大行星"地盘"的中央圆代表太阳，最接近它的一圈是八大行星，再往外一圈可以是每一个行星对应的基本特征（包括质量、大小、大气成分、距日远近、卫星数等），最外面一圈可以是每一个行星对应的"引力与公转周期计算法"。

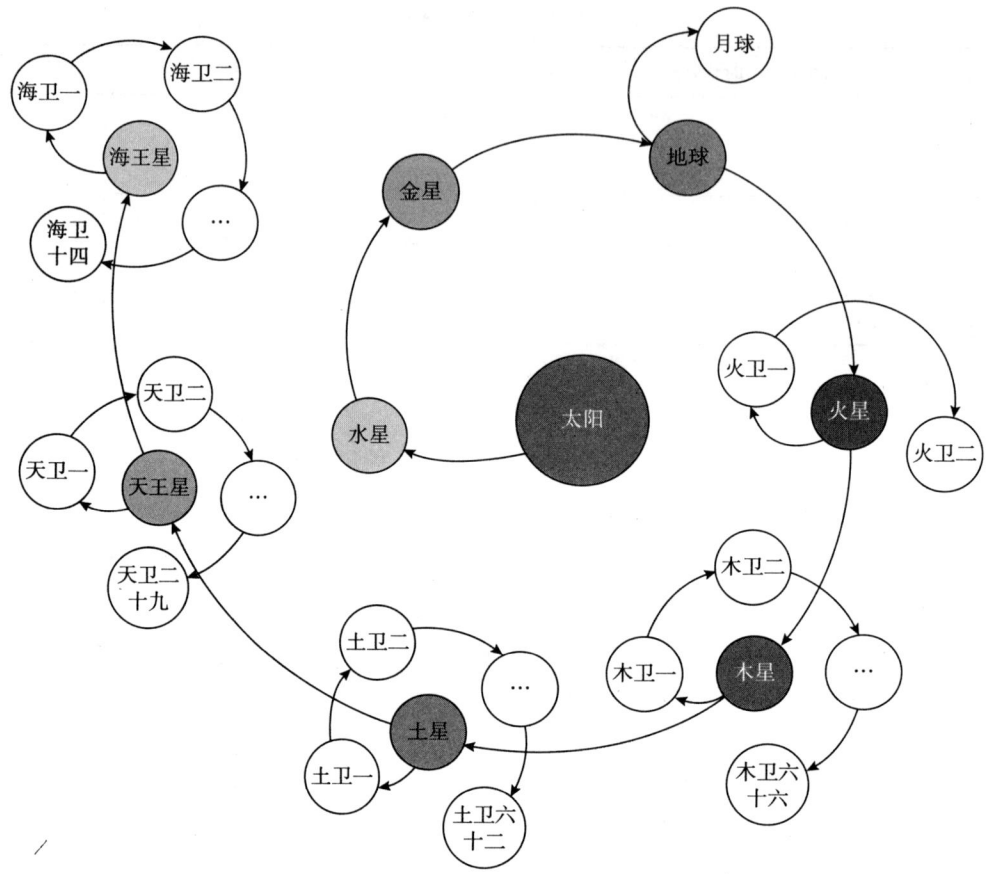

太阳系八大行星"天盘"

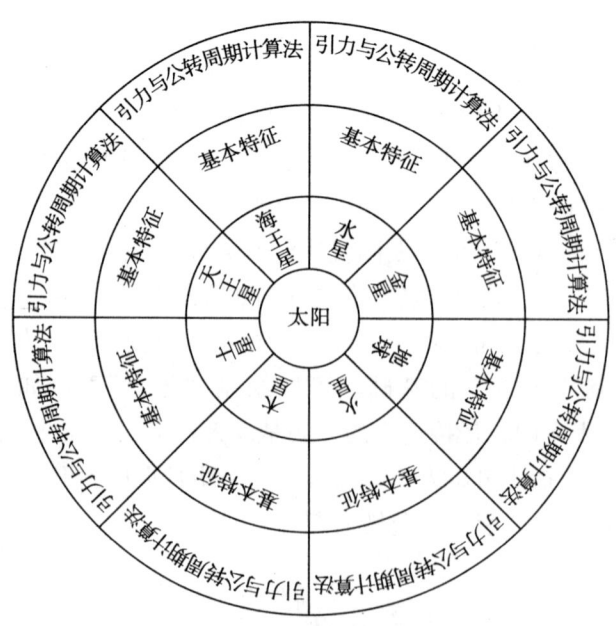

太阳系八大行星"地盘"

➢ 成功案例

赵乐（化名）同学特别善于归纳总结，下面是他用结构图法，以 TOM 为主人公，画出的英文亲戚称谓结构图：

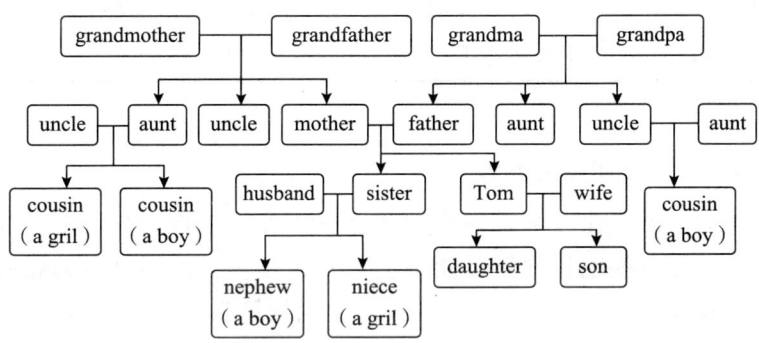

亲戚称谓结构图

期中复习阶段，他又利用列表法整理了高中生物各单元的知识点，下面以他整理的"细胞的结构与功能"单元为例。

"细胞的结构与功能"单元知识点梳理

单元	主干知识	要求等级	知识细目
细胞的结构与功能	细胞的类型	I	细胞形态和功能的多样性
			真核细胞和原核细胞的比较
			动物细胞和植物细胞的比较
	细胞膜的结构和功能	II	细胞膜的化学组成
			细胞膜"流动镶嵌模型"的基本内容
			细胞膜的主要功能
			生物膜系统
	细胞器的结构和功能	II	细胞器的形态、分布、结构和主要功能
			细胞核的结构和功能
			染色体的化学组成与功能
			细胞器之间的分工协作关系

➢ 自我训练

请你任选"总结归纳"部分介绍的列表法、结构图法、"天盘地盘"学习法中的一种把"让你学得更好——认知技能训练"这一单元总结归纳成图表，画在下面。

三、应用与提高

> 判断知识是否真正掌握了,还要看你能否灵活应用它。在应用所学知识解决问题的过程中,你会对知识有更深入的理解,从而提高对知识的掌握程度。

➢ 原理

（一）做练习并让错题成为资源

考试、小测验、做作业等都是你应用知识做练习的过程。在这个过程中,有些题目你能成功解决,而有些题目你很可能不会或者做错。面对不会做的题和错题,如果你能够琢磨并遵循分析、管理的门道,今天的错题就是明天的成绩。

错题管理的形式多样,各有利弊,你可以选择最适合自己的来做。

方法	具体做法	好处	弊端
试卷成册法	直接在试卷上进行,再将试卷装订成册	不用抄题	不便携带
错题本法	准备一个专门的本子,抄题并进行分析	携带方便	需要抄题
卡片法	用大小一致的卡片,抄题、进行分析、归类	携带方便 可以分类	需要抄题 容易散落

练习中的错误不是偶然的,它反映了我们对重点的忽视、对概念理解的错误、思维方式的偏差以及解题方法的不当。不要总把自己的错题简单地归结为粗心马虎。错题的原因可能包括以下方面：

错题管理绝不仅仅是写出正确答案,错题管理步骤一般包括：

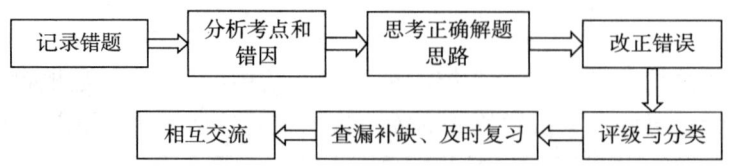

注意,很重要的一步是分析错题的考点和错因。

（二）选对选修课

一般情况下,你所在的高中会开设一些校本选修课。你可以结合自己重点发展和期待提高的学科,选择竞赛类、拓展类、实践类的选修课,利用选修课获得学科知识的应有提高。

(三) 找准研习选题

研究性学习是高中综合实践活动课程中的一类，在进行研习选题的时候，你可以结合学科知识，选择与学科、专业，甚至职业相连的研究课题。你可以参照本手册第一章第二节的"从学业到职业发展路径指南"来找准研习选题。

➢ 成功案例

刚刚进入某重点大学的张林（化名）同学回到母校给高一的"学弟、学妹"介绍高中学习经验。她提供了一个自己的"错题分析表格"。

高二期中考试化学错题分析表

题号	知识模块	知识考核点	错因	改进措施
6	基本概念	A 元素在周期表中的位置 B 氧化物分类 C 正确使用药物 D 食品添加剂的作用	记忆模糊；不能排除干扰项	查漏补缺、及时复习
7	有机化学（烃及衍生物的性质、作用）	A 淀粉纤维素的主要性质 B 蛋白质的主要性质 C 二糖的主要性质 D 酯类的结构和主要性质	概念理解混淆	做类似习题；选修《食品的营养与安全》课程
9	元素化合物的用途	A 汽车尾气处理 B 加热反应 C 燃煤除硫 D 去除水垢中的硫酸钙	概念理解不够深入，无法迁移到生活中的化学	研习选题定为《污染物处理的化学方案》
10	基础理论（酸碱混合、电解质溶液）	A 离子浓度排序 B 物质守恒 C 弱酸的 pH D 弱酸中的分子离子浓度	忽视题目中的潜在因素；计算错误	找老师补课；做类似习题

➢ 自我训练

请你根据"应用与提高"部分介绍的原理和案例，对你自己的某次考试、小测验、作业或者自主练习中的错题进行分析。下表供你参考：

题号	知识模块	知识考核点	错因	改进措施

第二节　学会自我监控——元认知技能训练

> 高中生要想在学习上不断进步，实现飞跃，就需要跳出自己的学习活动，做自己的老师，学会监控、评价和调节自己的学习。

➢ 原理

（一）监控和评价自己的学习

在预习、听讲、复习、做作业、考试等过程中，你可以随时监控和评价自己的学习，主要方法是对自己提问。例如听讲时问自己："这部分内容我听懂了吗？""我还有什么疑问吗？""为什么我听不明白？""听不懂我打算怎么办？"等。

（二）调整学习策略

监控和评价自己的学习之后，你会发现一些期待解决的问题，比如：上课听不懂、做题没有思路、复习抓不住重点等。这就需要你分析问题的成因，调整学习方法、策略。如果你自己不能很好地分析成因、找到策略，你也可以把你的问题说出来，寻求别人的帮助。

（三）制订科学的调整计划

有了"调整学习策略"的设想之后，为了促进切实的行动，你需要拟定一份"学习计划"并执行。执行计划时进入新一轮的监控、调节和修订计划。你的学习计划中要有合理的学习目标。下面介绍设置学习目标应遵循的 SMART 原则。

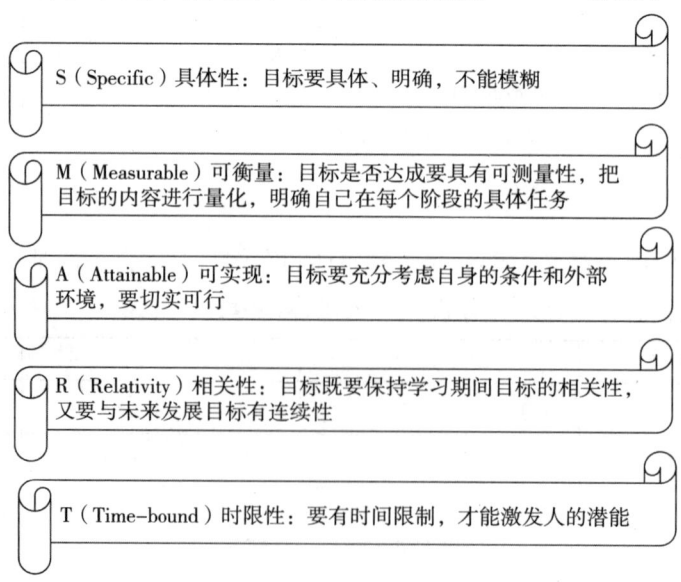

S（Specific）具体性：目标要具体、明确，不能模糊

M（Measurable）可衡量：目标是否达成要具有可测量性，把目标的内容进行量化，明确自己在每个阶段的具体任务

A（Attainable）可实现：目标要充分考虑自身的条件和外部环境，要切实可行

R（Relativity）相关性：目标既要保持学习期间目标的相关性，又要与未来发展目标有连续性

T（Time-bound）时限性：要有时间限制，才能激发人的潜能

第四章 提高学业能力

> 成功案例

王诚（化名）同学认为监控和评价自己的课堂听讲情况非常重要，下面是他某天的课堂听讲监控记录表：

课堂听讲监控记录表

日期			2015年3月31日（周二）	
节次	科目	领会情况打分（在相应分数上画√）	疑问记录	疑问解决记录
1	数学	1 2 3̌ 4 5 6 7 8 9 10	函数F（X）是关于X还是Y的函数？函数的法则如何理解？	未解决
2	英语	1 2 3 4 5 6̌ 7 8 9 10	不定式和动名词的区别是什么？介词用在哪里？	已经拿着练习题目问了老师，领会程度提高到9分
3	化学	1 2 3̌ 4 5 6 7 8 9 10	化合价和得失电子之间什么关系？	未解决
4	语文	1 2 3 4 5 6 7 8 9 1̌0	无	无
5	地理	1 2 3 4 5 6 7̌ 8 9 10	大气环流的产生原理是什么？	阅读课本，询问同学，领会程度达到9分
6	生物	1 2 3 4 5 6̌ 7 8 9 10	杂交实验的子代基因比率如何计算？	已经拿着练习题目问了老师，领会程度提高到9分
7	政治	1 2 3 4 5 6 7 8̌ 9 10	行使民主监督权利的新途径有何好处？	阅读课本后，领会程度达到9分

根据记录表，王诚同学发现自己的数学、化学两科比较薄弱，主要问题是上课听不懂。他准备第二天一定找两科老师谈谈如何改变目前的状况。

第二天，王诚同学找到了数学和化学两个学科的任课老师，他与老师们一起分析了两科上课听不懂的原因，提出了针对这两科的学习方法调整策略。

薄弱学科学习方法调整表

学科	薄弱原因	学习方法调整策略
数学	1. 与现在所学内容相关的基础知识、基本概念掌握不牢固，造成上课听不懂； 2. 缺少预习，上课反应慢，跟不上教师的节奏； 3. 数学成绩一向不好，没有成就感，影响对数学的兴趣。	1. 自己集中精力复习与现有学习内容相关的以前的概念、原理、公式，必要时找家教补课； 2. 上新课之前进行预习，带着有准备的头脑进入课堂，提高反应速度； 3. 从易到难，先多做一些中低难度的题目，提高信心，增加对数学的兴趣。

续表

学科	薄弱原因	学习方法调整策略
化学	1. 缺乏对细碎的化学知识的加工和整理； 2. 上课容易走神儿，反应慢； 3. 解题时缺少对思路、规律的总结	1. 利用本手册介绍的认知技能对以前学过的化学知识进行加工和整理； 2. 课上多发言，促进自己跟上老师的思路； 3. 做题后及时总结各类题目的解答规律，多与同学交流解题思路，相互借鉴

王诚根据数学、化学两科学习方法调整设想，制订了接下来一个月详细的学习计划。

学习目标	时间		学习任务	达成步骤
1. 数学学科掌握与函数有关的解析式、图像等基础知识，月考中基本题得分率85%以上； 2. 化学学科掌握与元素化合物有关的性质、原理、方程式等，月考中元素化合物单元得分率80%以上	第一周	周一到周五	1. 做好每天数学学科的预习； 2. 复习化学元素化合物单元	1. 每天预习第二天要讲的数学新课；2. 每天复习一课化学元素化合物单元的内容
		周末中的一天（另一天机动）		1. 列出本周数学课上还没有弄明白的问题，准备向老师提问；2. 画出化学元素化合物单元的结构图
	第二周	周一到周五	1. 数学学科不懂的问题找老师补课； 2. 做化学元素化合物单元练习题并进行错题分析	1. 每天通过问老师，解决2个不懂的函数知识点； 2. 每天完成5～10道元素化合物练习题并分析
		周末中的一天（另一天机动）		1. 函数部分的概念、原理、公式列表； 2. 进行本周化学练习的错题分析
	第三周	周一到周五	1. 做数学中低难度的题目，提高信心； 2. 根据结构图记忆化学知识	1. 每天复习和记忆教材一节的化学基础知识； 2. 每天完成3～5道数学练习题并进行错题分析
		周末中的一天（另一天机动）		1. 总复习元素化合物整个单元的基础知识； 2. 进行本周数学练习的错题分析

续表

学习目标	时间		学习任务	达成步骤
1. 数学学科掌握与函数有关的解析式、图像等基础知识，月考中基本题得分率85%以上； 2. 化学学科掌握与元素化合物有关的性质、原理、方程式等，月考中元素化合物单元得分率80%以上	第四周	周一到周五	重点复习数学和化学两科的基础知识，准备月考	1. 每天完成5~8道数学练习题； 2. 对照数学函数单元知识列表进行复习
		周末中的一天（另一天机动）		1. 数学、化学各完成一套基础知识综合练习题； 2. 进行综合练习的错题分析和查漏补缺

一个月以后，王诚通过新一轮的听课效果监控，检验了学习方法调整的效果。他发现数学和化学课上讲的大部分内容都能听懂了，还能当堂记住一些知识点，课堂效率提高了。他在月考中也取得了不错的成绩，这两科均提高了20多分。

➢ 自我训练

请参考王诚同学的课堂听讲监控记录，监控自己某天每节课的领会情况。

课堂听讲监控记录

日期				
节次	科目	领会情况打分 （在相应分数上画√）	疑问记录	疑问解决记录
1		1 2 3 4 5 6 7 8 9 10		
2		1 2 3 4 5 6 7 8 9 10		
3		1 2 3 4 5 6 7 8 9 10		
4		1 2 3 4 5 6 7 8 9 10		
5		1 2 3 4 5 6 7 8 9 10		
6		1 2 3 4 5 6 7 8 9 10		
7		1 2 3 4 5 6 7 8 9 10		

由上面的记录你发现了什么呢？在听懂方面，哪些学科比较薄弱呢？哪些课堂疑问是没有及时得到解决的呢？"听懂"不等于"会做题"，应用知识做题时，你有什么问题吗？

请根据你自己的课堂听讲监控记录，参考王诚同学找薄弱学科任课教师征求意见的做法，制订你自己的学习方法调整策略。

薄弱学科学习方法调整表

学科	薄弱原因	学习方法调整策略

请根据你的学习方法调整设想，制订接下来一个月详细的学习计划。

学习目标	时间	学习任务	达成步骤

请你在一个月以后，通过新一轮的听课效果监控，检验学习方法调整的效果。

第三节 做自己的主人——自我管理技能训练

自我管理技能是指个体对自己本身，对自己的目标、思想、心理和行为等表现进行管理的方法和技术。在高中学习阶段，自我管理技能的良好运用可以帮助同学们更顺利地学习，进而实现自我奋斗目标。在此，我们主要介绍与高中学习息息相关的两种自我管理技能。

一、时间管理

> 原理

时间管理就是用技巧和方法帮助同学们高效学习，实现目标。时间管理并不是要把所有事情做完，而是更有效地运用时间。对于高中生而言，除去上课时间，属于自主支配的时间只有晚上的学习时间和平时的零散时间,学会安排自主支配时间对于高中学习意义非凡。

(一)事件的划分与应对

每个人的时间和精力又都是有限的,如何更有效地把事情做好,需要对事情按照重要和紧急程度来划分,即:重要且紧急的事;重要但不紧急的事;紧急但不重要的事;不紧急也不重要的事。所谓的重要又紧急的事情会造成较高的压力;重要但不紧急的事情对自己而言是较长远的目标,困难而具挑战性;紧急不重要的事情虽不重要却有时间的压力必须立即完成;不重要不紧急的事情则是最没有压力最没有难度的,于是,大多数的同学会花最多的时间在这一类的事情。对事件进行合理的划分,可以帮助同学们有效利用时间,提高效率。

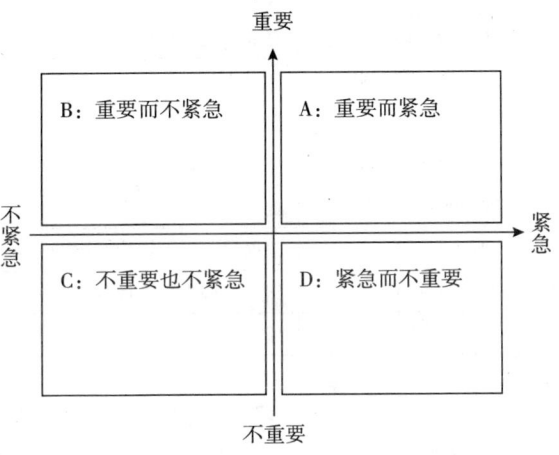

(二)结合自身实际,安排各科的复习时间

找出影响自己学习的因素,按照自己的水平,同时考虑到未来专业和学校的选择,做好每个月、每一周、每一天的学习计划,严格地执行自己的计划。根据自己对每门课的掌握情况,合理分配各科复习所需要的时间,弱项多分配一些时间,学习状况发生改变后及时调整自己的计划。

(三)合理分配时间,注意劳逸结合,善于交替用脑

时间对每一个人来说都是公平的,而用同样的时间所产生的学习效果,对不同的人来说却往往相差很大。这有一个合理安排时间的问题。比如,早晨是记忆的黄金时间,利用这段时间记忆外语单词、课文及语文中的字词,背诵一些内容,会有较好的效果;而上午、下午和晚上较长的时间,可用来复习数、理、化等偏重于思维理解的科目。

➢ 成功案例

刘涛(化名)现在是一名物理专业在读硕士,他的成功源自对于时间的高效管理。在八年前他以优异的成绩考进了一所高中,但是第一次期中考试他是班里倒数第三名,正数第35名,父母为此特别着急。在老师的帮助下,他对学习时间的安排进行了重新的调整。针对事件的轻重缓急以及自身学习状况合理分配时间,薄弱科目分配多一些,优势科目少一些。语文和英语这些需要记忆的内容早晨学习,数学、物理和化学晚上学习。具体到每周、每天有多少学习时间以及如何分配,然后严格按照计划执行。下

面以某一天的晚上学习安排举例：

时间	学习内容
18：10－19：00	复习当天所学知识重点，侧重英语语法知识（薄弱科目）
19：00－19：30	晚餐时间，饭后适当休息
19：30－20：10	完成数学作业
20：10－20：50	完成语文、历史作业
20：50－21：00	休息十分钟
21：00－21：30	完成物理作业
21：30－22：00	完成化学作业
22：00－22：15	洗漱
22：15－22：35	根据第二天上课内容提前预习
22：35－23：00	阅读物理方面的课外书籍
23：00	睡觉

结果那一年的期末考试他考了全班第九名，进步了很多，班主任让他给同学介绍进步的经验，在全校师生前演讲，后来每次考试他都是学校里前五名，最终考入了人民大学。

高中生如何高效地进行时间管理，刘涛给大家的建议是：记录自己现在的时间使用情况，结合自己的学习水平和未来规划，按照事件的轻重缓急，对时间进行科学有效的调整和规划，严格按照计划执行，并且根据学习状况的变化及时进行相应的调整。学会利用零散时间进行单词和知识点的记忆，以及问题的交流与解惑，利用晚上的时间合理安排预习、写作业和复习任务，学会把有限的时间进行科学的管理，发挥时间的最大价值。

➢ 自我训练

请写出近一周内需要完成的各种事件，同时对事件的重要性、紧急性进行 1~5 分的星级评定，1~5 表示程度的逐步加强。

序号	事件	重要性	紧急性
1			
2			
3			
4			
5			
6			
7			
8			

请结合一周内事件的轻重缓急以及每天的实际情况，按照下表进行时间规划，对

时间进行科学高效的管理。

时间规划表_____月_____日　　　　　　　　　　　　　　　　　　　　星期_____

时间段	事件内容	完成情况及反思

二、考试焦虑管理

考试焦虑是对考试的情景与考试的结果产生恐惧和担忧的心理现象。主要表现为过分担心、紧张、不安和恐惧等情绪障碍，还可伴有失眠、消化机能减退（腹泻）、全身不适（头痛）和植物性神经系统功能失调（多汗、尿频）等症状。

考试焦虑一方面受到复习准备不足、自我期望值过高、个体心理状态、个性和身体状况的影响，另一方面家庭和学校环境也对其有一定的影响。考试焦虑会影响思维能力，降低记忆力，分散注意力，使复习和考试达不到应有的效果。

在同学们之中，存在的考试焦虑主要有两种趋向：一种是临到考试之前开始感到紧张和焦虑；另一种是在学习过程中长期存在学习焦虑，而一到考试之前则表现更为强烈。考试焦虑管理是用正确的方式探索情绪，选用合适的方法调整放松情绪。

➢ 原理

（一）运用自我暗示法

考试是对自己所学知识的掌握是否牢固全面，以及能否灵活运用的一种检验方式，所以要用积极主动的心态迎接考试。利用自我暗示的强化作用，进行心理安慰，语言要具体、简洁和肯定，比如："我已经准备好了""我一定能考出好成绩""这道题目我不会，别人也不一定会"等，以此来消除过度紧张，树立自信。

（二）运用自我开放的宣泄法

当焦虑来袭无法缓解的时候，不妨暂时放下书本，向父母、老师、同学、知心朋友尽情倾诉，焦虑情绪发泄出来后，精神就会放松。同时参加一些适当有益的活动，或跑步、打球，或唱歌、跳舞，也可以使焦虑情绪得到缓解。

（三）运用呼吸放松法

以舒服的姿势坐好，保持身体两边的平衡；用鼻子深深慢慢地吸气，再用嘴巴慢慢地吐出来，想象身体各部位的放松，放松的顺序：脚、双腿、背部、颈、手心。呼吸放松的特点是见效快。在焦虑紧张的时候，只要进行深呼吸2～3次，就可以起到放松的作用。

（四）运用认知改变法

心理学中合理情绪理论认为，不良情绪和行为结果（C）不是因为诱发事件（A）本身，而是因为自身的不合理信念（B），只有不断地驳斥不合理信念（D），才能产生积极的情绪和观点（E）。学习合理情绪理论，通过转变不合理信念对考试焦虑情绪进行有效调节，进而带来情绪和行为上的积极转变。

（五）运用系统脱敏疗法

根据条件反射原理，在放松练习的基础上，循序渐进地使自己对考试的过敏性反应逐渐减弱，直至消除。首先要创造引起你考试焦虑反应的具体刺激情境，并将这些情境按从弱到强的序列排列成"焦虑等级"，然后通过放松训练，学会一种与焦虑反应相对立的松弛反应。运用大脑想象，循序渐进地使松弛反应抑制焦虑反应。具体的方法是：当你经过放松练习处于放松状态之后，开始按你前面所列"焦虑等级"对应的情境进行想象，看自己是否会感到紧张。

➢ 成功案例

李烨（化名）是一名高三学生，从进入高一之后，他的学习成绩一直很好，但是在最近的一次高考摸底考试中发挥失常，尤其是数学，导致年级排名大幅度下滑，最近一段时间一直处于焦虑和烦躁中，担心下次考试再次失利，导致学习效率低下。在老师的帮助下，李烨对自身的焦虑情绪进行了深入的分析，并且尝试了几种调节方法。

经过一段时间的调整，李烨的焦虑情绪得到了很大的缓解，日常的复习也能保持原有的节奏，在第二次的摸底考试中，成绩恢复到了原来的水平，也找回了原有的自信。

➢ 自我训练

请参照考试焦虑管理的技能介绍和案例分享，写出导致焦虑情绪的事件，并且尝试选择适合自己的调节方法，及时记录调节效果。

序号	事件	调节方法	调节效果	备注
1				
2				
3				
4				
5				
6				

第五章　发现个性潜能的多种方法

> **导读**：发挥你的优势领域是获得幸福人生的法宝。但是你的优势领域在哪些方面？本章带领你发现你的个性潜能。

"我是谁？"需要我们穷尽一生去探索。只有了解自己才能根据自己的特点与优势走出与众不同的精彩人生。我们可以通过各种学习与实践活动、心理测试、自我反思等途径来发现自我的个性特征与潜能优势。

第一节　参照心理测试来了解自我

心理测试是心理学家根据一定的心理学理论编制的测量某种心理特质的测试工具。它往往需要科学的标准化的过程。一般学校都会购买一些心理测试软件，建议同学们可以通过一些心理测试来了解自己的兴趣、性格特点、能力倾向、价值观倾向等，可以帮助我们了解自己的特点与潜能。但是，由于有的学校没有购买有关心理测试软件，为了帮助大家了解自我，我们选编了一些心理测试量表帮助大家了解自我。但需要提醒同学们的是：心理测试虽然有一定参考价值，但只能供你参考，不能代替你透过其他途径来发现自我。

一、性格与职业倾向测试

现在请你测测看，你属于哪种职业个性？适合做哪类工作？

下面一系列问题有助于你分析自己的性格，请按自己的真实情况，在与"是"或"否"相对的字母上画圈，每题只能画一个圈，不能多圈，也不能"漏圈"。

第一类：人

选择"是"或者"否"	是	否
1. 你在做出决定前常考虑别人的意见	A	C
2. 你愿意处理统计数据	C	A
3. 你总是毫不犹豫地帮助别人解决问题	A	C
4. 你常常忘记东西放在哪儿	B	C

续表

选择"是"或者"否"	是	否
5. 你很少能通过讨论说服别人	C	B
6. 大多数人认为你可以忍辱负重	C	A
7. 在陌生人中你常常感到不安	C	B
8. 你很少吹嘘自己的成就	A	C
9. 你对世事感到厌倦	B	C
10. 你参加一项活动的主要目的是取胜	C	A
11. 你容易被大多数人所动摇	C	B
12. 你做出选择后就会按照你的办法去做	C	A
13. 你的工作成功对你很重要	B	C
14. 你喜欢既需要大量体力又需要脑力的工作	B	C
15. 你常问自己真正的感受如何	A	C
16. 你相信那些使你心烦意乱的人他们心里有数	C	B

记数（不计算答案 C），每选择一个得 1 分。

A 得分（　　　）照顾人

B 得分（　　　）影响于人

A 和 B 总分（　　　）

第二类：程序与系统

选择"是"或者"否"	是	否
1. 你喜欢清洁	A	C
2. 你对大多数事情都能迅速做出结论	C	A
3. 经过检验和运用过的决议最值得遵循	A	C
4. 你对别人的问题不感兴趣	B	C
5. 你很少对别人的话提出疑问	C	B
6. 你并不总是能遵守时间	C	A
7. 你在各种社交场合下都感到坦然	C	B
8. 你做事总愿意先考虑后果	A	C
9. 你觉得在限定的时间内急迫地完成一件事很有趣	B	C
10. 你喜欢接受紧张的新任务	C	A
11. 你的论点通常可信	C	B
12. 你不善于查对细节	C	A
13. 明确、独到的见解对你是很重要的	B	C
14. 人多的话会约束你的自我表达	B	C
15. 你总是努力完成开始的事情	A	C
16. 大自然的美常使你震惊	C	B

记数（不计算答案 C），每选择一个得 1 分。

A 得分（　　）言语

B 得分（　　）财政金融/数据处理

A 和 B 总分（　　）

第三类：交际与艺术

选择"是"或者"否"	是	否
1. 你喜欢在电视节目中扮演角色	A	C
2. 你有时难以表达自己的意思	C	A
3. 你觉得你能写短篇故事	A	C
4. 你能为新的设计提供蓝图	B	C
5. 关于艺术你所知甚少	C	B
6. 你愿意做实际事情，而不愿读书或写作	C	A
7. 你很少留意服装设计	C	B
8. 你喜欢同别人谈他们的见解	A	C
9. 你满脑子独创思想	B	C
10. 你发现大多数小说很无聊	C	A
11. 你特别不具备创造力	C	B
12. 你是个实实在在的人	C	A
13. 你愿意将你的照片、图画拿给别人看	B	C
14. 你能设计有直观效果的东西	B	C
15. 你喜欢翻译外文	A	C
16. 不落俗套的人使你感到很不舒适	C	B

记数（不计算答案 C），每选择一个得 1 分。

A 得分（　　）文学、语言、传播

B 得分（　　）可见艺术与设计

A 和 B 总分（　　）

第四类：科学与工程

选择"是"或者"否"	是	否
1. 辩论中，你善于抓别人的弱点	A	C
2. 你几乎总是自由地做出决定	C	A
3. 想个新主意对你来说不成问题	A	C
4. 你不善于令别人相信	B	C
5. 你喜欢事前将事情准备好	C	B
6. 抽象地想象有助于解决问题	C	A
7. 你不善于修补	C	B
8. 你喜欢谈不可能发生的事	A	C

续表

选择"是"或者"否"	是	否
9. 别人对你的谈论不会使你难受	B	C
10. 你主要靠直觉和个人感情解决问题	C	A
11. 你办事有时会半途而废	A	C
12. 你不隐藏自己的情绪	C	A
13. 你发现解决实际问题很容易	B	C
14. 传统方法通常是最好的	B	C
15. 你珍惜你的独立	A	C
16. 你喜欢读古典文学	C	B

记数（不计算答案C），每选择一个得1分。

A 得分（　　）研究

B 得分（　　）实际

A 和 B 总分（　　）

结果分析

总分（A+B）在0~4分，表明这种工作不能满足你的性格要求；5~10分，表明一般；10分以上表明这一类型的工作最适合你，你的性格能满足工作需求。最后，根据A和B的得分多少，来确定工作范围内的具体职业。

第一类：人

在这一大类中，如果A得分高于B，则说明你更善于照顾人，应该在医务工作、福利事业或教育事业中寻找职业，如医生、健康顾问、社会工作者、教师等。如果B得分高于A则表明你更能影响他人，对军事、商业或者管理方面会感到得心应手，如警察、军人、安全警卫、市场经理、贸易代理、市场研究者等。

第二类：程序与系统

在这一大类中，如果A得分高于B，表明你适合做行政管理、法律或宗教业等与言语相关的工作，如办公室主任、人事管理、公司秘书、律师、图书馆员、档案员、书记员等。如果B得分高于A，那么你更适合做金融和资料处理工作，包括会计、银行、出纳、经济、保险、计算机程序和系统分析方面的工作。

第三类：交际与艺术

在这一大类中，如果A得分高于B，表明你适合做新闻、文学和语言工作，如记者、翻译、电台或电视台工作人员、公共事业管理员等。如果B得分高于A，则表明你更适宜于从事设计和艺术工作，如图案设计员、制图员、建筑师、室内装修设计师、剧场设计、时装设计或摄影师等。

第四类：科学与工程

这一大类的工作可分为研究与实际工作。如果A得分高，则适于从事前者工作，如生物学家、物理学家、化学家等。如果 B 得分高，则适于从事后者工作，如机械工程师和土木工程师等。

二、兴趣量化评定

这里以学习兴趣评定为例，帮助你找到学习兴趣在哪一级水平。

学习兴趣水平测定表

级别	表现
-5	什么也做不成，什么也不愿意做，在遇到不幸、遭到重大挫折或是生病时，就会有这样的情况
-4	什么也学不进去，总想找更有趣的事情来做，身体健康却比较懒惰
-3	课程学得很吃力，尽管坐下来，功课却做不下去
-2	学习是很勉强的，不是出于内心的愿望而学习；做功课时，经常被别的事情打断，脑子里经常出现与功课无关的想法
-1	凭一定的意志努力，才能使自己安下心来学习
0	对功课的态度淡漠，不积极也不厌恶
1	不需要强制自己去学习，兴趣出现了，愉快的学习开始了，兴趣的动力作用开始了
2	兴趣越来越浓，专心致志，不觉时间是怎样过去的；看不到周围发生的一切，功课做得更好了
3	功课做得越好，自己对质量的要求也就越高，总想把功课做得更好些
4	学习本身开始给人带来愉快，学习成为一种使人愿意长久继续下去的享受，想用更多的时间来学习
5	出现了改进学习，以便学得更好的想法；能创造性地运用学习策略，能探寻书本以外的科学知识，大胆质疑、深入探究

在测定之后，如果学习兴趣处于"正级水平"，祝贺你，并希望你保持下去，让自己的兴趣不断向 +5 发展；如果学习兴趣处于"负级水平"，也不要悲观，你一定会让自己的兴趣跃入正级。因为你对自己的学习兴趣进行测定本身就证明你为培养和发展自己的学习兴趣迈出了第一步。如果你愿意看到自己的进步，还可以按照下面一位同学的语文学习兴趣曲线图的样子，画出你的每个学科学习兴趣发展曲线图。

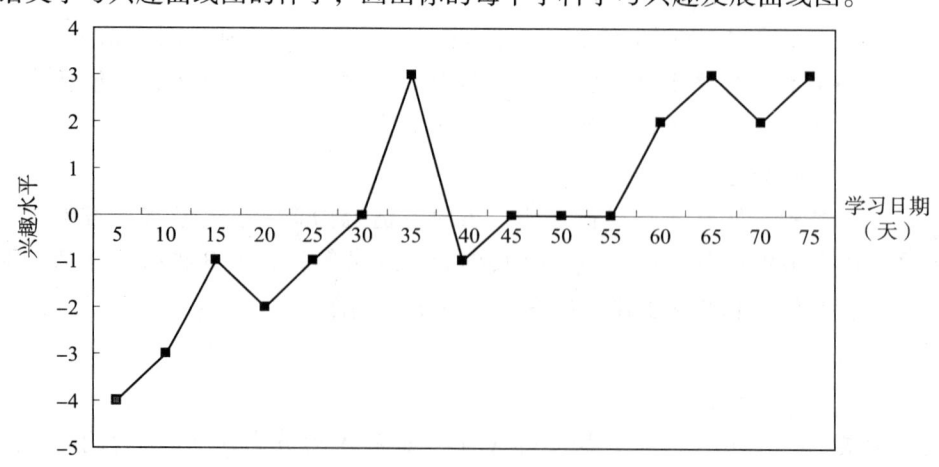

图中横轴表示学习日期,纵轴表示兴趣水平。你可以这样画出各学科的兴趣曲线图,每天测定自己的学习兴趣水平,在曲线图中记录下来。如此坚持下去,你的学习兴趣水平一定会与日俱增,发展到较高水平。

三、霍兰德职业人格能力测验问卷

指导语

本测验是在美国著名就业指导专家霍兰德的职业人格能力测验量表的基础上,根据中国的具体国情修订而成的。本测验将帮助你发现和确定职业兴趣和能力特长,从而使你更科学地做出求职择业的选择。

本测验共有四个部分,共计192道题,请你按自己的实际情况依次对每道测验题目做出选择,并将您的选择用"√"号标记在答卷纸上相应的位置,请不要漏过任何一道题。

本测验没有时间限制,但你应尽快去做,尽量凭自己的第一意识做出选择。

第一部分　您愿意从事下列活动吗?　　　是　　　　　　否

1. 装配修理电器或玩具。
2. 修理自行车。
3. 用木头做东西。
4. 开汽车或摩托车。
5. 用机器做东西。
6. 参加木工技术学习班。
7. 参加制图描图学习班。
8. 驾驶卡车或拖拉机。
9. 参加机械和电气学习。
10. 装配修理电器。
11. 素描/制图或绘画。
12. 参加话剧戏曲。
13. 设计家具布置室内。
14. 练习乐器/参加乐队。
15. 欣赏音乐或戏剧。
16. 看小说/读剧本。
17. 从事摄影创作。
18. 写诗或吟诗。
19. 进艺术(美术/音乐)培训班。
20. 练习书法。
21. 读科技图书和杂志。

22. 在试验室工作。

23. 改良水果品种，培育新的水果。

24. 调查了解土和金属等物质的成分。

25. 研究自己选择的特殊的问题。

26. 解算式或数学游戏。

27. 学物理课。

28. 学化学课。

29. 学几何课。

30. 学生物课。

31. 学校或单位组织的正式活动。

32. 参加某个社会团体或俱乐部的活动。

33. 帮助别人解决困难。

34. 照顾儿童。

35. 出席晚会、联欢会、茶话会。

36. 和大家一起出去郊游。

37. 想获得关于心理方面的知识。

38. 参加讲座会或辩论会。

39. 观看或参加体育比赛和运动会。

40. 结交新朋友。

41. 说服鼓动他人。

42. 卖东西。

43. 谈论政治。

44. 制订计划、参加会议。

45. 以自己的意志影响别人的行为。

46. 在社会团体中担任职务。

47. 检查与评价别人的工作。

48. 结识名流。

49. 指导有某种目标的团体。

50. 参与政治活动。

51. 整理好桌面和房间。

52. 抄写文件和信件。

53. 为领导写报告或公务信函。

54. 查收个人收支情况。

55. 参加打字培训班。

56. 参加算盘、文秘等实务培训。

57. 参加商业会计培训班。
58. 参加情报处理培训班。
59. 整理信件、报告、记录等。
60. 写商业贸易信。

第二部分　您具有擅长或胜任下列活动的能力吗?　　　是　　　否

61. 能使用电锯、电钻和锉刀等木工工具。
62. 知道万用表的使用方法。
63. 能够修理自行车或其他机械。
64. 能够使用电钻床、磨床或缝纫机。
65. 能给家具和木制品刷漆。
66. 能看建筑等设计图。
67. 能够修理简单的电气用品。
68. 能够修理家具。
69. 能修收录机。
70. 能简单地修理水管。
71. 能演奏乐器。
72. 能参加二部或四部合唱。
73. 独唱或独奏。
74. 扮演剧中角色。
75. 能创作简单的乐曲。
76. 会跳舞。
77. 能绘画、素描或书法。
78. 能雕刻、剪纸或泥塑。
79. 能设计海报、服装或家具。
80. 写得一手好文章。
81. 懂得真空管或晶体管的作用。
82. 能够举例三种含蛋白质多的食品。
83. 理解铀的裂变。
84. 能用计算尺、计算器、对数表。
85. 会使用显微镜。
86. 能找到三个星座。
87. 能独立进行调查研究。
88. 能解释简单的化学式。
89. 理解人造卫星为什么不落地。
90. 经常参加学术的会议。

91. 有向各种人说明解释的能力。

92. 常参加社会福利活动。

93. 能和大家一起友好相处地工作。

94. 善于与年长者相处。

95. 会邀请人招待人。

96. 能简单易懂地教育儿童。

97. 能安排会议等活动顺序。

98. 善于体察人心和帮助他人。

99. 帮助护理病人或伤员。

100. 安排社团组织的各种事务。

101. 担任过学生干部并且干得不错。

102. 工作上能指导和监督他人。

103. 做事充满活力和热情。

104. 有效地用自身的做法调动他人。

105. 销售能力强。

106. 曾作为俱乐部或社团的负责人。

107. 向领导提出建议或反映意见。

108. 有开创事业的能力。

109. 知道怎样做能成为一个优秀的领导者。

110. 健谈善辩。

111. 会熟练地打印中文。

112. 会用外文打字机或复印机。

113. 能快速记笔记和抄写文章。

114. 善于整理保管文件和资料。

115. 善于从事事务性的工作。

116. 会用算盘。

117. 能在短时间内分类和处理大量文件。

118. 能使用计算机。

119. 能搜集数据。

120. 善于为自己或集体做财务预算表。

第三部分　您喜欢下列的职业吗?　　　是　　　　　否

121. 飞机机械师。

122. 野生动物专家。

123. 汽车维修工。

124. 木匠。

125. 测量工程师。
126. 无线电报员。
127. 园艺师。
128. 长途公共汽车司机。
129. 火车司机。
130. 电工。
131. 乐队指挥。
132. 演奏家。
133. 作家。
134. 摄影家。
135. 记者。
136. 画家、书法家。
137. 歌唱家。
138. 作曲家。
139. 电影电视演员。
140. 节目主持人。
141. 气象学或天文学者。
142. 生物学者。
143. 医学实验室的技术人员。
144. 人类学者。
145. 动物学者。
146. 化学者。
147. 数学者。
148. 科学杂志的编辑或作家。
149. 地质学者。
150. 物理学者。
151. 街道、工会或妇联干部。
152. 小学、中学教师。
153. 精神病医生。
154. 婚姻介绍所工作人员。
155. 体育教练。
156. 福利机构负责人。
157. 心理咨询员。
158. 共青团干部。
159. 导游。

160. 国家机关工作人员。

161. 厂长。

162. 电视片编制人。

163. 公司经理。

164. 销售员。

165. 不动产推销员。

166. 广告部长。

167. 体育活动主办者。

168. 销售部长。

169. 个体工商业者。

170. 企业管理咨询人员。

171. 会计师。

172. 银行出纳员。

173. 税收管理员。

174. 计算机操作员。

175. 簿记人员。

176. 成本核算员。

177. 文书档案管理员。

178. 打字员。

179. 法庭书记员。

180. 人口普查登记员。

第四部分 请评定您在下述各方面的能力等级

【注：请先将自己与同龄人在相应方面的能力做比较，经斟酌后做评定，并将评定的等级数填写在答卷上。评定共分7级（1、2、3、4、5、6、7），数字越大表示能力越强。】

181. 你的机械操作能力等级为（1—7）：

182. 你的艺术创作能力等级为（1—7）：

183. 你的科学研究能力等级为（1—7）：

184. 你的解释表达能力等级为（1—7）：

185. 你的商业洽谈能力等级为（1—7）：

186. 你的事务执行能力等级为（1—7）：

187. 你的体力技能等级为（1—7）：

188. 你的音乐技能等级为（1—7）：

189. 你的数学技能等级为（1—7）：

190. 你的交际能力等级为（1—7）：

191. 你的领导能力等级为（1—7）：

192. 你的办工技能等级为（1—7）：

霍兰德职业人格能力测验记分表

1～180题，每题选择"是"得1分；"否"不得分。181～192题计分方法为评定为几级就算几分。下表标出了各项目对应的题号，职业能力一栏得分是对应两个题目得分之"合"，总分为左边各栏得分之"合"。

测试方面	活动兴趣	职业专长	职业爱好	职业能力	总分
现实型	1～10题	61～70题	121～130题	181+187	
艺术型	11～20题	71～80题	131～140题	182+188	
研究型	21～30题	81～90题	141～150题	183+189	
社会型	31～40题	91～100题	151～160题	184+190	
企业型	41～50题	101～110题	161～170题	185+191	
常规型	51～60题	111～120题	171～180题	186+192	

美国职业指导专家霍兰德提出了人格类型理论，将人格分为六种类型：R（实际型）、I（研究型）、A（艺术型）、S（社会型）、E（企业型）和C（事务型）。每一特定类型人格的人，便会对相应职业类型中的工作或学习感兴趣；工作环境也可区分为上述六种类型；不同类型人格的人需要不同的工作环境，例如"实际型"的人需要实际型的环境或职业，因为这种环境或职业才能发挥其个性潜能，实现自我，这种情况称为"和谐"。如果人格类型与职业环境和谐，就有可能取得令人满意的结果，如增加职业满意度，带来职业成就感和提高职业稳定性等。

通常用最强的三种类型代码来标示一个人的人格类型，这个代码称为"霍兰德代码"。这三个字母之间的顺序表示了不同类型人格的强弱程度的不同。例如，适合建筑师职业的代码是AIR，律师是EAS，会计是CRI。因此，占主导地位的人格类型可以为个人选择专业、职业和工作环境提供方向指导。

霍兰德人格类型特质说明

	R（实际型）	I（研究型）	A（艺术型）	S（社会型）	E（企业型）	C（事务型）
个性与做事风格	情绪稳定、有耐心、坦诚直率，对机械与工具等事较有兴趣	善于观察、思考、分析与推理，喜欢用头脑依自己的步调解决问题，且追根究底	直觉敏锐、善于表达和创新，希望借文字、声音、色彩或形式来表达创造力和美的感受	对人和善，容易相处，关心自己和别人的感受	精力旺盛、生活紧凑、好冒险竞争，做事有计划并立刻行动	个性谨慎，做事讲求规矩和精确，效率精确，仔细可靠，有信用

续表

	R（实际型）	I（研究型）	A（艺术型）	S（社会型）	E（企业型）	C（事务型）
生活中看重的事	生活上以实用为重，重视现在多于未来想象	追求知识、真理所带来的成就感	生活的目的就是创造不平凡的事务	喜欢大家一起做事，一起为团体尽力	希望拥有权力去改善不合理的事	生活哲学是稳扎稳打，按部就班、精打细算
不喜欢的事情	不喜欢与人多言	不喜欢别人给指引，也不喜欢很多规矩和时间压力	不喜欢管人和被人管	不爱竞争，也不喜欢独自操作机械或技术工作	不愿花太多时间做科学研究，或研究复杂课题	不喜欢改变或创新，也不喜欢冒险或领导
与人合作沟通方式	喜欢独自行事	不是很在乎别人的想法，喜欢和有相同兴趣或专业的人讨论	和朋友的关系比较随兴	交友广阔，关心人胜于关心工作	要求别人跟他一样努力，不满足现阶段的成绩	会选择和自己志趣相投的人成为好朋友
喜欢参与的活动与课程	在实际、需动手环境中从事明确固定的工作，依规则一步步制造有实际用途物品	做事时，他能提出新的想法和策略，但对实际解决问题的细节较无兴趣	喜欢独立作业，但也不想/不喜欢被忽略，在无拘无束的环境下工作效率最好	喜欢倾听了解，愿意付出时间和精力解决人际冲突，喜欢教导并帮助他人成长	善用说服力和组织能力，希望自己的表现被他人肯定，并成为团体的焦点人物	喜欢在有清楚规范的环境下工作
适合的职业或专业	机械、电子、土木建筑、农业等相关工作	生物、化学、医药、数学、天文等相关工作	音乐、写作、戏剧、绘画、设计、舞蹈等相关工作	教师、辅导、社会工作、医护等相关工作	管理、销售、司法、从政等相关工作	银行、金融、会计、秘书等相关工作

四、多元智能测试

哈佛大学教授加德纳的研究表明，人类至少有 8 种不同的智能，这 8 种智能都占有同等重要的位置。每个人都同时拥有这相对独立的 8 种智能，而这 8 种智能在每个人身上以不同方式、不同程度的组合使得每个人的能力各具特点。因此，对于每一个人来说，不存在谁更聪明的问题，只存在各自在哪个方面聪明以及怎样聪明的问题。因此，每个人都是独特而出色的。

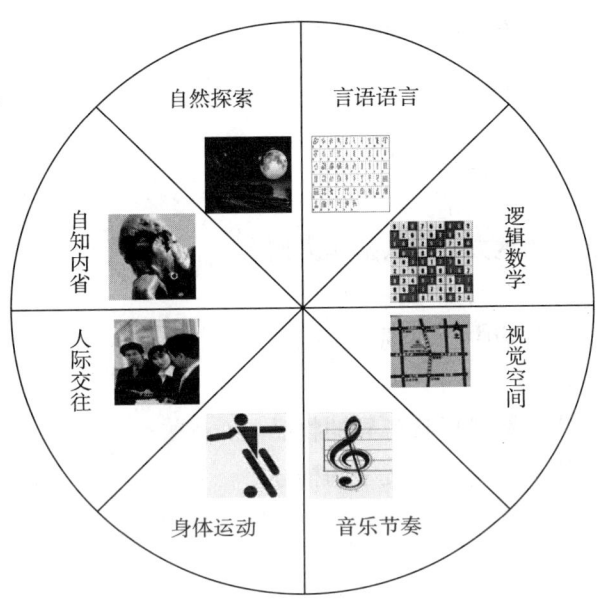

请完成下面的测试,帮助自己找到能力特长。

请认真阅读下列语句,在符合自己的选项上画钩,计算每种智能类型上自己的得分,一项一分。

言语智能

1. 喜欢模仿方言。
2. 有写日记的习惯。
3. 一有时间就会捧着一本书。
4. 善于和各种各样的人说话。
5. 总是能耐心地听别人讲述。
6. 写作时感到思如泉涌。
7. 对外语学习很感兴趣。
8. 和别人意见不同时总能说服别人。

你的得分:(   )

逻辑数学智能

1. 对各种物品的功能都要了解得很清楚。
2. 有掂量物品的习惯。
3. 喜欢做数学运算题。
4. 善于找出事物之间的逻辑关系。
5. 觉得数学公式比语言描述更容易理解。
6. 对什么问题都喜欢做出假设。
7. 思考问题时能进行层层推理。

8. 喜欢用抽象的符号来代替语言文字的描述。

你的得分：（　　）

视觉空间智能

1. 对各种物品的形状颜色等很敏感。
2. 善于玩走迷宫的游戏。
3. 哪怕是第一次去的地方都不会搞错方向。
4. 能在交通拥挤的地方自如地穿梭前行。
5. 理解新学的事物时脑中会浮现一幅幅图像。
6. 喜欢摄影或绘画。
7. 能自己设计一些图案或形状各异的物品。
8. 喜欢用坐标图等来替代语言文字的描述。

你的得分：（　　）

身体运动智能

1. 喜欢摆弄物体。
2. 能很好地保持身体平衡。
3. 手眼的配合很协调。
4. 对穿针线等精细活很在行。
5. 喜欢跑步打球等体育项目。
6. 走路时体态轻盈。
7. 学东西时总喜欢亲自动手。
8. 每天总保持一定量的运动。

你的得分：（　　）

音乐节奏智能

1. 喜欢听各种各样的声音。
2. 每天都要有音乐陪伴。
3. 一首新曲子只要听几遍就能哼出来。
4. 善于捕捉各种曲调所表达的意义。
5. 喜欢购置大量的音带等声像资料。
6. 听到不同曲子时会有很多联想。
7. 只要给出音乐片段，就能说出所蕴含的意义。
8. 能够弹奏乐器。

你的得分：（　　）

人际交往智能

1. 孝顺父母。
2. 与陌生人交谈都能有一见如故之感。

3. 有许多一直保持联系的朋友。

4. 善于同各种人打交道。

5. 在各种场合都会成为受人关注的对象。

6. 在同事中很有号召力。

7. 善于从别人的表情中揣摩出内心的想法。

8. 总能赢得大家的喜爱。

你的得分：（　　）

自知内省智能

1. 对自己有一个适度的评价。

2. 经常都能保持心情愉快。

3. 总为自己设定一个新的人生目标。

4. 对人生有自己独特的价值观。

5. 喜欢独自一人思考。

6. 清楚的知道自己的弱点。

7. 总有很高的生活热情。

8. 总能独当一面完成任务。

你的得分：（　　）

自然探索智能

1. 对自然环境的变化很敏感。

2. 了解各种植物的名称和特性。

3. 喜欢到野外勘察。

4. 对生物链等问题感兴趣。

5. 喜欢观察星座等天文现象。

6. 经常收集石头或其他标本。

7. 对动物充满好奇，总想了解他们的习性。

8. 喜欢到森林等纯自然的环境旅游。

你的得分：（　　）

自我反思

1. 你的多元智能组合是怎样的？最强的三种智能分别是什么？

2. 对自己的能力有何新的发现？与之前自己的认识相符吗？

3. 你对自己的智能组合满意吗？有没有想要提高的能力？自己还可以挖掘开发的潜能有哪些？

下表是各种智能类型对应的职业举例。

智能类型	适合职业举例
言语语言智能	律师、演讲家、编辑、作家、记者、教师、翻译、编剧、政治领导等
逻辑数学智能	数学工作者、科学工作者、工程师、税务、会计、统计学者、计算机软件研发人员、律师、侦探等
视觉空间智能	导游、室内设计师、建筑师、摄影工作者、画家、雕刻工作、航海工作、飞行员等
音乐节奏智能	作曲、指挥、歌手、演奏、音乐评论、乐器制造者、乐器调音师、电影电视编辑等
身体运动智能	演员、舞者、运动员、机械师、手工艺人、魔术师、赛车手、外科医生等
人际交往智能	政治领导、外交工作者、教师、心理辅导、公关人员、推销及行政人员、主持人等
自知内省智能	心理学工作者、哲学研究者、作家、思想家、社会工作者等
自然探索智能	天文学者、生物学者、化学研究者、地质学者、考古学者、环境设计师等

本测试仅供参考，我们还可以通过自己取得的成就、其他人对自己能力的反馈、具体解决问题的行动等方式来进一步发现自己的能力特长。

五、价值观探索

下面有 14 个对职业的描述，请选出最看重的 3 个，依次写在后面的横线上。

1. 一个从个人角度上帮助他人的机会；以一种有意义的方式与公众接触以及与人打交道，使世界成为更好的家园。

2. 独立地做自己擅长的事；从事抽象概念的构思，产生新的想法和从事新鲜的事物；没有固定的工作时间和工作方式；一种独立的或以某种创造性小组成员的身份工作；灵活的工作条件。

3. 一个专业的职位；负有社会责任的职位；拥有秘书的协助；报酬取决于经验和主动性；必须具备很高的教育和培训背景；工作的特点是高收入和能得到社会的认可。

4. 在一个稳定的公司中有一个永久性的职位，一份有保证的年薪；具备来自上司的指导和帮助；最低的教育要求是高中毕业；如果具备 1~2 年的大专和职业学校的教育背景，工资可能略高一点；收入可以满足基本生活需求并且每年有所增长。

5. 想找一份有兴趣的工作？想找一个从事研究、思考和解决问题的职位？你是否愿意与理论性的概念打交道？这种工作要求不断地更新知识和具有吸收、处理新思想的能力；一个和具有创造性和智力挑战性的人一起工作的机会。

6. 这个职业需要一个超凡的人；工作要求承担风险和勇气；能够完成惊险的任务；必须拥有出色的身体条件；必须愿意出差。

7. 理想的工作环境；一个和你喜欢的人——同样重要的是他们也喜欢你——打交道的机会；一个友好的和自然的工作环境；与你的同事像朋友一样工作；待遇取决于培训和经验。

8. 在一个年轻快速发展的公司工作；极好的晋升机会；起始工资不高，但很快就有机会晋升到中层管理职位；在中层管理基础上，你会有许多未来发展的机会和方向；你的唯一局限性是自己的精力和创造性；待遇取决于责任的大小。

9. 你决定自己的工作节奏，决定自己的工作条件；灵活的工作时间；自主选择你的团队成员和工作内容；工资取决于主动性和投入工作的时间。

10. 具备在多项活动中指导他人工作的能力；具备管理员工和保证生产进度的领导力；具备保持一个稳定员工队伍的能力；具备在一个管理团队内的协调沟通能力；具有指挥员工，评价工作完成情况，雇用和解雇的职责。

11. 挣大钱的机会；高工资，各种开销的报销制度，对额外贡献的额外报酬；圣诞节奖金；各种公司负担的福利待遇。

12. 你是否对平淡例行的工作感到无聊？这份工作让你从事多种任务，接触新面孔，在不同的情况和场所工作；你必须是一个多面手。

13. 终年伏案工作是否让你厌烦了？这类工作需要矫健和生龙活虎的运动，适合那种喜爱运用身体能量的活跃人士。

14. 一个在工作岗位上宣扬个人信仰的机会；你的生活与工作融为一体。

自我反思

1. 你最看重的 3 个职业描述序号依次是_____
2. 请你看下表，你最看重的职业价值是_____
3. 你为什么看重这些价值？_____

职业价值观参考

序号	价值	适合的职业（举例）
1	帮助他人	社会工作者、教师、咨询顾问
2	创造性	作家、艺术家、设计师
3	声望	高级管理人员、政治家、医生、警察
4	稳定性	教育行政管理人员、行政助理
5	智慧	研究人员、科学家
6	冒险	考古学家、中央情报局调查员、消防队员
7	人际关系	教师、餐馆工作人员、导游
8	效率	销售经理助理、工程师、文秘
9	独立	景观设计师、承包工、销售代表
10	权力	经理、小组领导、行政领导
11	金钱	股票经纪人、会计师、房地产
12	多样化	电工、律师、兼职编辑
13	发挥体力	体能教练、运动员
14	实现信仰	牧师、青少年督导员、顾问

测评拓展

我们还可以在网络上搜索霍兰德职业倾向测验、MBTI 性格测试、卡特尔 16PF 人格测试、艾森尔人格问卷等，帮助我们更好地了解自我。

第二节　通过自我反思来了解自我

这里给大家介绍一种自我分析的方法——"橱窗分析法"。

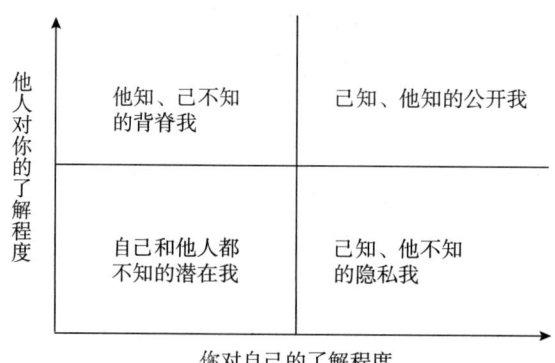

依照上图，完整的自我可以分为"公开我""隐私我""背脊我""潜在我"四个部分。其中"公开我"是指你的这部分特征是你和他人都知道的，这部分特征经常表现在外；"隐私我"是指你的这部分特征是你自己知道的，但他人却不知道，这部分特征不经常表现在外，但你确信必要时刻可以表现出来；"背脊我"是指你的一些自己未曾意识到的特点，但旁人看来你有这些特点，就像我们的后背一样；"潜在我"是指那些你自己和他人都不知道的特点，这部分特点有待被发现。

一、"橱窗分析法"了解自己的性格特点

下面我们对"公开我"和"隐私我"进行分析：

	公开我	隐私我
性格特点	＿＿＿＿＿＿＿＿＿＿＿＿ ＿＿＿＿＿＿＿＿＿＿＿＿ ＿＿＿＿＿＿＿＿＿＿＿＿ ＿＿＿＿＿＿＿＿＿＿＿＿	＿＿＿＿＿＿＿＿＿＿＿＿ ＿＿＿＿＿＿＿＿＿＿＿＿ ＿＿＿＿＿＿＿＿＿＿＿＿ ＿＿＿＿＿＿＿＿＿＿＿＿

请你在上表每条横线上填写符合"公开我"或者"隐私我"的特点，你可以自己组织词汇对自己的性格特点进行描述，也可以从下面给出的词语中选择。

描述个人性格特点的词语：

1. 顺从的	15. 情绪化	29. 冒险的
2. 坦诚的	16. 理想主义	30. 有雄心的
3. 情绪稳定	17. 不实际	31. 自信的
4. 持之以恒	18. 敏感	32. 坚决果断的
5. 讲求实际	19. 多愁善感	33. 精力充沛的
6. 节俭朴素	20. 杂乱无序	34. 热心的
7. 害羞	21. 与众不同	35. 坚持己见的
8. 好奇的	22. 负责的	36. 传统的
9. 独立的	23. 善解人意的	37. 可靠的
10. 有条不紊	24. 关心他人	38. 从容的
11. 追求精确	25. 富有同情心	39. 整洁有序的
12. 理智	26. 友好的	40. 有耐心的
13. 深思熟虑	27. 大方的	41. 条理清晰
14. 严谨好学	28. 随和的	42. 讲究原则

在自己做完"公开我"和"隐私我"的橱窗分析之后，请找两位比较了解你的好朋友，针对你的性格特点对你进行评价。他们可以自己组织词汇对你的性格特点进行描述，也可以从上面给出的描述性格特点的参考词语中选择。

你要认真看一看朋友对你的评价，因为很可能有些特点是你自己都未曾发现的"背脊我"部分。

	第一位朋友对你的评价	第二位朋友对你的评价
性格特点	_____ _____ _____ _____	_____ _____ _____ _____

如果你认真完成了自我分析和他人评价两部分内容，那么你可以阅读下面有关不同性格特点所适合的职业领域的参考信息。

1. 性格特点符合 1~7 说明你能从事与动手操作有关的技术工作并生产出现实的产品，适合如下职业：

机械操作、加工制造、工程师、军事设施建设、维修、测量、绘图、电子技术。

2. 性格特点符合 8~14 说明你适宜从事某些学科领域的深入钻研，适合如下职业：

实验室工作人员、生物学家、化学家、物理学家、程序设计、社会学家、理论研究员、医生。

3. 性格特点符合 15~21 说明你与艺术创作结缘，适宜从事文化艺术事业，适合如下职业：

作家、画家、演员、作曲家、诗人、漫画家、戏剧导演、乐队指挥、装潢设计、会展设计。

4. 性格特点符合22~28说明你在驾驭社会关系方面见长，适宜在工作中与人打交道，适合如下职业：

心理咨询师、教师、社区工作人员、社会福利机构工作者、推销员、医护人员、服务人员。

5. 性格特点符合29~35说明你有经营管理头脑，适合如下职业：

企业管理人员、律师、市场经理、投资商、制片人、活动策划、保险代理、行政领导。

6. 性格特点符合36~42说明你做事认真细致，处理常规事务游刃有余，适合如下职业：

会计、图书管理员、银行出纳、秘书、档案文书、计算机操作员、税务专家。

二、行为反思　把握性格

在你使用"橱窗分析法"进行自我分析之后，我们再给你介绍一种自我分析的方法——"行为反思法"。你可以利用"行为反思法"进一步认识自己的性格特点。

"行为反思法"如同"一日而三省吾身"，就是要时常回顾、反思自己的行为过程和结果，从中发现自己的性格特点。请你回顾从初一到现在的学习、生活，填写下面的空格。

_____年_____月我做了一件自认为很成功的事情，这件事情是_____。从中我发现我具备_____的性格特点。

_____年_____月我认为我长大了，因为_____
_____。
我发现我的性格特点是_____
_____。

三、个人能力自我分析

下面请你利用前两课当中你已经非常熟悉的"橱窗分析法"对自己的能力特点、个人特长和学习成绩进行分析。

	公开我	隐私我
能力特点		
个人特长		

续表

	公开我	隐私我
学业成绩	我的总体学业成绩（　　） A. 优异　B. 较好　C. 中等 D. 较不如意　　E. 很不如意 我的优势科目是_____ 我的弱势科目是_____	我相信经过努力我的学业成绩会（　　） A. 优异　B. 较好　C. 中等 D. 较不如意　　E. 很不如意 别人不知道，我在_____ 学科上是有潜力的。

请你在上表每条横线上填写符合"公开我"或者"隐私我"的特点，你可以自己组织词汇对自己的能力特点和个人特长进行描述，也可以从下面给出的词语中选择。

描述个人能力特点的词语

1. 运动能力强
2. 善于动手操作
3. 有力量
4. 有技巧
5. 分析能力强
6. 富有创造性
7. 善于批判质疑
8. 逻辑思维水平高
9. 有灵感
10. 感知灵敏
11. 有洞察力
12. 审美力强
13. 善于合作
14. 说服力强
15. 善于处理人际关系
16. 善于倾听
17. 口齿伶俐
18. 有影响力
19. 足智多谋
20. 统筹全局
21. 行动高效
22. 自控力强
23. 善于整理
24. 行动精确

描述个人特长的词语

1. 擅长动手
2. 擅长使用工具
3. 比较有力气
4. 有艺术特长
5. 善于创作
6. 擅长写诗
7. 学习能力强
8. 知识面广
9. 某一主科非常突出
10. 交际广泛
11. 善于表达
12. 擅长组织活动
13. 有经济头脑
14. 善于领导
15. 办事果断
16. 善于整理
17. 擅长记录
18. 善于使用计算机

在自己做完"公开我"和"隐私我"的橱窗分析之后，请找两位比较了解你的好朋友，针对你的能力特点、个人特长和学业成绩进行评价。他们可以自己组织词汇对你的能力特点和个人特长进行描述，也可以从上面给出的描述能力特点和个人特长的参考词语中选择。

你要认真看一看朋友对你的评价，因为很可能有些特点是你自己都未曾发现的"背脊我"部分。

	第一位朋友对你的评价	第二位朋友对你的评价
能力特点		
个人特长		
学业成绩	被评价者的学业成绩（　　） A. 优异　B. 较好　C. 中等 D. 较不如意　　E. 很不如意 他的优势科目是_____ 他的弱势科目是_____	被评价者的学业成绩（　　） A. 优异　B. 较好　C. 中等 D. 较不如意　　E. 很不如意 他的优势科目是_____ 他的弱势科目是_____

如果你认真完成了自我分析和他人评价两部分内容，那么你可以阅读下面有关不同能力特点和个人特长所适合的职业领域的参考信息：

1. 能力特点符合 1~4，特长符合 1~3，说明你能从事与动手操作有关的技术工作并生产出现实的产品，适合如下职业：

机械操作、加工制造、工程师、军事设施建设、维修、测量、绘图、电子技术。

2. 能力特点符合 5~8，特长符合 7~9，说明你适宜从事某些学科领域的深入钻研，适合如下职业：

实验室工作人员、生物学家、化学家、物理学家、程序设计、社会学家、理论研究员、医生。

3. 能力特点符合 9~12，特长符合 4~6，说明你与艺术创作结缘，适宜从事文化艺术事业，适合如下职业：

作家、画家、演员、作曲家、诗人、漫画家、戏剧导演、乐队指挥、装潢设计、会展设计。

4. 能力特点符合 13~16，特长符合 10~12，说明你在驾驭社会关系方面见长，适宜在工作中与人打交道，适合如下职业：

心理咨询师、教师、社区工作人员、社会福利机构工作者、推销员、医护人员、服务人员。

5. 能力特点符合 17~20，特长符合 13~15，说明你有经营管理头脑，适合如下职业：

企业管理人员、律师、市场经理、投资商、制片人、活动策划、保险代理、行政领导。

6. 能力特点符合 21~24，特长符合 16~18，说明你做事认真细致，处理常规事务游刃有余，适合如下职业：

会计、图书管理员、银行出纳、秘书、档案文书、计算机操作员、税务专家。

另外，你目前的学业成就在一定程度上代表你的学习力，学习力是决定未来发展的重要因素。目前你的学业成就影响着你最终的受教育水平。受教育水平高（学士、硕士、博士）将很可能从事某些职业领域内较高知识技术含量的工作。因此，现在就开始努力提高某些学科的学业成绩，有意识地为实现职业理想而进行自我塑造吧。

在你使用"橱窗分析法"进行自我分析之后，请你再使用"行为反思法"分析自己的能力特点。请你回顾从初一到现在的学习、生活，填写下面的空格。

_____年_____月我做了一件自认为很成功的事情，这件事情是_____
_____。
从中我发现我具备_____
能力。

_____年_____月我认为我长大了，因为_____
_____
我发现我可以在_____
_____
等方面有所成就。

_____年_____月我在_____
_____
方面成功挑战了自我，我发现原来我还具备_____能力。

第三节　了解自我的其他方法

一、人际交往

人际关系是人生中不可缺少的一种重要资源，从不同的人那里能获得各种东西，包括认识自我。我们很难只靠自己的力量来看清自己。"不识庐山真面目，只缘身在此山中"，借助别人的眼睛，我们能发现自己没有看到的部分，也就是自己的盲点。所以，我们要学会用心聆听他人的想法，重视他人的回馈，不固执、不过早下结论。

另外，其实与每个人的关系，都反映出自己与自己的关系。我们在发觉对方的过程中，不知不觉中也是在发现自己。去了解他的感觉、想法，也会更了解自己，交往双方相互成为对方的镜子。受我们吸引的关系，都会反映出我们拥有的特质，以及内在的自我。

那么，如何通过人际交往来了解自己呢？你可以列出自己主要的人际关系，以及对方身上自己最受不了的和最喜欢的地方。然后写出每当面对对方这些受不了的和喜欢的特质时，自己的感受（诸如愤怒、恐惧、兴奋、愉悦之类）。静静地深入内在，反思这些最让自己受不了的和最喜欢的特质是否在自己身上也存在。然后在生活中与对方互动时记录下自己新的反应和感受。

这样做对于深入了解自我，以及改善人际关系都会有帮助。

二、学习、实践活动

我们在各种学习、实践活动中都可以发现自我特质。在语文学习中，我们可以发现自己对语言文字的兴趣，运用语言文字的能力，比如阅读理解能力、写作能力、口头表达能力等，以及自己的人生观、世界观与价值观。在数学学习中，我们可以发现自己对数理逻辑的兴趣，运用数理逻辑解决问题的能力，比如数字计算能力、逻辑推理能力、空间想象能力、科学研究能力等，以及自己对科学、对真理的认识与态度。

除了学习之外，各种实践活动都是帮助我们发现自我的好途径。比如社区服务、社会实践活动、研究性学习、自主社团、夏令营活动、集体出游等。我们还可以根据自己的兴趣与特长，安排适合自己的实践活动，比如对自然科学感兴趣，可以参观各种科学博物馆、走进科研院所、进行实践研究等，在具体的实践活动中，体验、发现、成长。

第六章　发展自己多方面的能力

> **导读**：现代社会要想获得成功，对人的要求越来越高。优秀的组织能力、与人合作能力、研究能力、表达能力等，只有在学校的多彩活动中才能得到锻炼和提高。

第一节　成立和参加社团

一、社团的必备知识

（一）什么是社团

《教育大辞典》"学生社团"条是这么描述学生社团的："学生是在自愿基础上结成的各种群众性文化、艺术、学术团体。不分年级、系科甚至学校的界限，由兴趣爱好相近的同学组成。在保证学生完成学习任务和不影响学校正常教学秩序的前提下开展各种活动。目的是活跃学校学习气氛，提高学生自治能力，丰富课余生活；交流思想，切磋技艺，互相启迪，增进友谊。"

学生社团可以通过开展政治、科技、文化、艺术、体育等各方面的有益活动，让广大同学更多地了解社会，在丰富课余文化生活的同时，培养和发展同学们的爱好与专长，提高同学们的综合素质。因此，在高中阶段积极尝试组建或参加学生社团对同学们来说是个锻炼自己、发展自己领导力和培养自己的兴趣和能力的重要措施，对于你们将来踏入社会大有裨益。

（二）成立社团的基本步骤

学生社团由校团委社团部具体领导与监督。团委社团部同时协调各学生社团的支持单位对社团的具体活动进行指导。各学生社团的领导机构具有相对的独立性，要在坚持正确方向前提下组织社团开展有益的活动。

学生如要成立社团，一般需要完成以下几步骤。

1. 满足成立社团的基本条件

在校学生 6~15 人，在学校规定范围内根据兴趣、爱好发起，并有管理、物资等

基本条件。

2. 需要取得支持单位和教师的推荐书

所谓支持单位、教师，是指对学生社团在行政事务、财务、活动场地及技术方面能提供指导和帮助的行政单位和学校正式教师。

3. 撰写社团章程

章程具体内容包括：名称、宗旨、经费来源、组织机构及负责人产生方法和具体责权范围、会员的权利和义务、社团章程的修改程序、社团终止程序、其他必要事项。

4. 向团委提交书面申请

书面材料包含三方面的内容：一是负责人签署的成立申请（包括申请人、社团成立原因、活动内容、目的、辅导教师等）；二是有关支持单位、教师的推荐书；三是提交社团章程。

5. 团委的批复

团委社团部在收到申请的一周内，应当以书面形式做出核准登记或不予登记的答复。

（三）参加社团的基本条件

根据学校要求，自愿参加并符合下列条件的在校学生均有权成为学生社团的成员：

（1）在校无记过以上处分；

（2）学习成绩合格。

二、成立和参加社团的建议

（一）成立和参加社团的建议

（1）向学校团委咨询学校社团管理的规定及程序；

（2）思考自己感兴趣的领域，并搜集有关资料；

（3）思考自己的能力特点，选择是自己组建一个社团，还是选择参与一个社团；

（4）和与自己有同样愿望的同学一起商议，初定分工；

（5）起草社团申请书及社团活动计划；

（6）递交社团申请书并请学校团委进行审核及给予一定的指导；

（7）社团批准后，进一步明确分工，完善活动计划并进一步征集人员，填写社团登记表；

（8）按社团活动计划开展活动并进行活动记录；

（9）能正确处理社团活动与学习的关系；

（10）注意留存社团活动记录和活动资料（电子版及实物）；

（11）对社团活动进行展示，扩大社团影响力；

（12）积极参与优秀社团评选，总结社团经验等。

（二）社团创建的一些资料及案例

1. 社团创建申请书

下面是一个真实的学生社团创建申请书的案例,可供同学们参考(案例中的学生名字为化名)。

社团创建申请书

各位尊敬的校领导,亲爱的学生会社联部:

你们好!

我是来自高一年级六班的王晓菲,现任学生会文体部副部长。有意在社团节之前,创立一个社团,现将具体策划示下。

1. 社团名称:韩国风尚
2. 活动内容:有关于韩国娱乐天团的各种消息分享,韩国民族传统、美食制作的学习,韩语的学习,穿搭韩流时装的初级课程,护肤美颜的技巧传授,韩国歌曲舞蹈的初级涉猎
3. 活动地点:学生会办公室or自习室
4. 成果展示:流利的韩语对话,熟练的韩文歌曲,初级的舞蹈模仿
5. 教育意义:从肤浅追星的行为上升到对于整个国家文化的了解与学习,缓解各个娱乐天团铁粉之间的矛盾。提升同学的韩国语言水平,学习便利实用的生活窍门
6. 经费来源:定期义卖,社员捐款
7. 初期社员:高一六班 王雪菲社长
   高一五班 王寰宇副社长 胡佳丽副社长

报告如上,请相关领导审批

申请人:王晓菲
2014年3月30日

附件:2013—2014学年度第二学期"韩国风尚"社团活动计划

4月上半月:交流娱乐星资讯,参加社团节,美丽中学生第一季课程

4月下半月:入门韩语50句的学习与应用,派发团服,美丽中学生汇报展示

5月上半月:上交新式校服建议书,讨论韩国娱乐界新资讯,邀请朝鲜族人(王雪菲的伯母)教授韩国语(校外活动)

5月下半月:美丽中学生第二季开课,编排舞蹈歌曲

6月上半月:校内推广活动,继社团节之后再招纳新社员,校内巡回福利推广,成果展示,继续第二季课程

6月下半月:校外实践,第二季课程汇报

7月上半月:调整团内人员职位,总结工作。布置暑期拓展作业

暑期计划活动1~2次

2. 学校社团管理的一些文件

学生社团登记表

填表日期：　　年　月　日

社团名称						
所属类别	政治理论□　科技创新□　文化艺术□　体育健身□ 公益志愿□　实践促进□　绿色环保□　地域文化□（只能选最佳一个）					
社长		班级		电话	QQ	
指导教师						
成员状况	社员总数	_____人	男生_____人，女生_____人；以（初、高）中为主			
	社团名单					
本学期活动安排						
备注						

社团活动记录表

时间			
地点			
应参加人数		缺勤人数	
活动主题			
活动目标			

活动内容：

活动效果：

指导教师或社长签名：

活动表现突出的成员：

3. 某校优秀学生社团评选办法

优秀学生社团评选办法

一、目的

鼓励学生社团积极开展各种丰富多彩，形式多样的活动，更好地丰富同学课余生活，丰富校园文化，促进校园精神文明建设，根据我校实际，特制定学校优秀学生社团评选办法。

二、评选条件

1. 凡我校各学生社团均可参评。
2. 学生社团遵守学校各项规章制度，不断加强社团的自身建设。
3. 社团定期开展活动，每学期不少于8次，在活动中能够充分发挥社团成员的主动性。
4. 社团有全局观念，能积极完成学校布置的各项工作和任务。
5. 社团活动反映良好，在学校内有一定影响力，其中在某些方面做出一定成绩。
6. 社团活动有记录，有活动资料（电子版及实物），学期有工作总结。

三、评选比例及步骤

1. 优秀学生社团，每学年评选一次。
2. 评选在每年6月进行，按评选条件，社团负责人准备相应材料，并报校团委批准。

三、社团促学生发展案例

"模拟联合国"社团活动最受学生的欢迎，为学生的个性化、特色化活动提供了丰富的资源平台。"模拟联合国"，简称"模联"，是对联合国大会和其他多边机构的仿真学术模拟，是为青年人组织的公民教育活动。在活动中，学生们扮演不同国家或其他政治实体的外交代表，参与围绕国际上的热点问题召开的会议。代表们遵循议事规则，在会议主席团的主持下，通过演讲阐述观点，为了"国家利益"辩论、磋商、游说。他们与友好的国家沟通协作，解决冲突；通过写作决议草案和投票表决来推进国际问题的解决。在模拟联合国，青年学生们通过亲身经历熟悉联合国等多边议事机构的运作方式、基础国际关系与外交知识，并了解世界发生的大事对他们未来的影响，了解自身在未来可以发挥的作用。模拟联合国从认识联合国到模联活动的开展，从模联会议演讲到会议文件的起草、修正，充分体现了学生循序渐进的认知过程，给学生提供了广阔的视野，以开放的视角关注国事、天下事，培养了学生适应社会发展的敏锐观察力及思辨力。

下面是一位"模联"主席的切身体会供同学们参考。

原模联主席梁恩泽（现就读于清华大学）致学弟学妹书

子曰："志于道，据于德，依于仁，游于艺。"这是论语中的千古名句，也是作为高中生的我的座右铭。我时刻在脑中提醒着自己，21世纪需要的是复合型人才，这就要求我不仅要在校内学习名列前茅，更要利用课余时间全面发展自己的才能，做到不仅志于道，更游于艺。也正因如此，在高中的三年时光中，我在保证校内学习的前提下，积极参与到各种课外活动之中，并在其中有所收获。

模联——升起的希望

从哥本哈根会议到世界范围的自然灾害，从非洲难民到国际援助，从超级大国到核武器再到尖端战略武器，这就是风靡全球已有50余年的模拟联合国活动。作为北京九中模拟联合国活动社团的一员，2009年，我参加了石景山区首届模拟联合国大会，出色地扮演了一名俄罗斯国家代表，并与其他国家的代表一道，就解决伊朗核问题进行磋商。会前，我利用自己的课余时间，细心、耐心查找各国立场，积极与其他国家的代表进行交流。会场上，我充分发挥了自己的领导才能，积极推动会议进程，为会议的圆满成功做出了贡献。也正是由于积极的表现，我荣幸地被评选为石景山区首届模拟联合国大会的最佳代表，并成为了我校模拟联合国活动社团主席。

石景山区第五届模拟联合国大会

伴随着身份变化，我的工作也从简单地为自己着想上升到了要为整个学校模拟联合国活动的开展布局谋篇的高度。在担任我校模拟联合国社团主席的这一年当中，我成功地组织了新一届模联社团成员的选拔工作，并对新一届社团成员进行了系统的培训。在2010年7月举办的石景山区第二届模拟联合国大会当中，我校新一届模拟联合

国社团的成员发挥出色,取得了最佳代表等多项优异的成绩。而我则以英文会主席的身份再次参加了我区的模拟联合国大会,在会场上展现了自己的风采。

两次区模拟联合国大会以及学校社团主席的经历是我3年高中生活中浓墨重彩的一笔,它不仅让我在课内学习之外开阔了视野,学会了以全局观的方式思考,还让我发现了自己领导、表现等方面的能力。或许,我不是外交官,但是我用行动证明着我心系世界。对于模联,我的内心充斥着涌动的血液,它是学习之外引领我前进的明灯,又是燃烧升起的朝暾。这其中充斥着它给我带来的希望,就像是掘土的萌芽受到温润的雨露的关怀,让我对于未来用更广阔的方式思考,坚定了信念,也充满了期待。

第二节 参加社会实践

一、社会实践的必备知识

(一)什么是社会实践

社会实践是学校综合实践活动课程的一部分,其课程目标是通过社会实践密切学生与生活的联系、学校与社会的联系,帮助学生获得亲身参与实践的积极体验和丰富经验,提高学生对自然、社会和自我之内在联系的整体认识,发展学生的创新精神、实践能力、社会责任感以及良好的个性品质。

目前,高中阶段社会实践的内容主要划分为三大类型:一是行业体验,如军训及生涯教育活动体验等;二是校园实践类,如学生会、校园广播站及学校节日等校内主题教育活动等;三是社会调查,如游学活动及夏令营活动等。

在高中阶段,社会实践是必修课程,学分6分。

(二)社会实践活动对学生发展的意义

1. 创新意识,综合运用知识的能力

社会实践活动通常围绕需要解决的实际问题展开,通过引导和鼓励学生设计方案、收集和分析信息、调查研究、动手实践,得出结论形成成果。在这个过程中,需要学生敢于质疑、勇于探究,运用各方面的知识和经验,学习和掌握一些科学的研究方法,从而解决问题。

2. 收集、分析、利用信息的能力

社会实践活动是一个开放的学习和实践过程,培养这方面的能力十分重要。要教会学生多途径获取、整理、归纳、判断、利用信息的方法。

3. 应对突发事件的能力

活动中总有意想不到的事件发生,及时正确处理很重要。学生必须能应对:组员未准时到指定地点；遇到恶劣天气；遇到组员生病；在活动中发生安全事故等其他问题。

4. 与人沟通、合作的意识和能力

大家要一起开展活动，就必须要有共同遵循的一些基本原则，就要掌握与人沟通、合作的方法和技巧。

5. 提高社会责任感

通过参与社会实践，可以增加同学们对社会的了解，逐渐学会关注他人、关注社会、关注环境等，提高学生的社会责任感。

（三）社会实践的基本程序

社会实践三年不少于三周。学校在高一年级、高二年级和高三年级各安排一周，学生必须参加。学校可集中或分散安排，可以结合假期进行。为此，高中学生需要了解参与社会实践的基本程序。

1. 学校发布活动信息

学校会统一安排活动，并面向全体学生发布活动信息，在活动之前对学生开展安全、法制、礼仪教育。

2. 内容选择与活动计划

军训、参观等由学校统一安排，社会调查、科技文体活动和社团活动等可由学生根据兴趣爱好与已有生活经验出发，学生征求班主任或指导教师的意见后自主选择，制订活动计划。

3. 实施活动计划

按计划进行活动，发挥团队精神，相互协作，并记录活动过程与活动心得。

4. 总结与交流

活动结束后，写出活动小结和活动过程中的体会心得。先在小组内交流，然后组织在小组间交流，优秀成果在年级和学校进行展示。

5. 填写社会实践报告

完成社会实践活动报告，并找相关教师签字确认。学校组织的活动由班主任签字确认，教导处、校团委、学生会和社团活动由相关指导教师签字确认，校外实践活动由班主任依据相关单位的认证材料签字确认。

6. 学分认定

教导处、团委、学生会和学生社团组织的社会实践活动由负责教师进行初步学分认定，校外实践活动由班主任依据相关单位的认证材料来进行初步学分认定，最后由学校综合实践指导小组进行最终的确认。

二、社会实践的要求与建议

（一）选择社会实践的建议

社会实践活动是让学生走出学校接触社会，了解科学技术的发展，了解社会生活、经济建设的实际情况的教育活动。如组织学生进行社会调查、参观、考察、访问、社会服务（社会公益活动），以及远足、游览等。

高中阶段开设多样的生涯规划教育，提供丰富的生涯实践平台，建立学生发展指导制度，对学生社会技能的发展以及为国家培养各类人才提供了重要基础。

生涯教育的社会实践活动在学生认识自我的基础上注重认识环境，特别是培养学生客观真实地观察和认识现实世界以及真实生活，将自身发展与社会实际需要相结合。

社会实践作业：利用假期请同学们根据自己的兴趣爱好、初步拟定的职业发展方向进行 2~3 天的职业体验。

（1）拟定自己想从事的职业；

（2）调查了解职业的工作性质、应具备哪些职业素养；

（3）分析自我，是否具备你想从事的职业所应具备的能力并适时调整；

（4）亲身经历，走进社会，贴近职业，深入体会；

（5）总结本次社会实践，分析自身优势以及存在的不足，调整方向，制订下一步计划。

（二）参与社会实践的基本要求

1. 积极参加社会实践

学生要根据自身兴趣，积极参与学校组织的社会实践活动。也可以自己在假期主动参加一些社区活动或是主动走入社会，了解社会。

2. 充分发挥学生的创造性和自主性

鼓励并要求学生自己参与设计、自己选择主题、自己组织实施、展开自我评价，尽可能让学生自己去观察、感知、判断、分析、反思和创造，将活动的实施过程作为学生改变学习方式、感悟生活的过程。

3. 落实活动规范，保证严肃性和真实性

每次活动要有明确的目的要求，做到任务、实践点、指导人员、责任人四落实。注意做好考勤记录和活动原始记录。

4. 注重态度考察，重视过程体验

重在考察学生的参与能动性和真实体验。

5. 增强安全意识

在参与活动时，高度重视学校开展的安全教育，提高自我保护能力。

三、优秀社会实践活动案例

(一) 低碳环保活动

高一、高二的学生们走上街头进行了低碳生活理念宣传活动。同学们来到了石景山区星座商厦、沃尔玛、八大处公园等多处人流集中的地方，发放宣传材料，组织环保有奖问答，号召大家从小事做起，爱护身边的环境，此活动拉开了北京九中"低碳生活，九中在行动"的活动序幕。

学生们走出校门以发送低碳环保宣传单、填涂低碳生活调查问卷、签约健康生活方式等多种形式宣传并倡导低碳生活，呼吁大家关爱地球，关注我们所生存的环境，养成良好的生活习惯，将低碳环保的生活方式和理念传递出去，"从我做起，从现在做起"。

(二) 暑期职业体验活动

社会实践作业：利用假期请同学们根据自己的兴趣爱好、初步拟定的职业发展方向，进行2~3天的职业体验。

（1）拟定自己想从事的职业；
（2）调查了解职业的工作性质、应具备哪些职业素养；
（3）分析自己是否具备想从事的职业所应具备的能力并适时调整；
（4）亲身经历，走进社会，贴近职业，深入体会；
（5）总结本次社会实践。

下面是一位学生的暑期职业体验收获。

对于医生职业的再思考

通过冷静的自我剖析，理性的思考，我对自己的性格及自己的未来有了一个更透彻、更全面的认识。这也是我在写职业规划前所具备的必要的条件。还有一年半，我们就要步入大学，这就意味着毕业后找工作已经离我们不远了。

据某机构对上海10所大学360名在校生的调查显示，有高达73.5%的学生对自己所选专业表示后悔；此外，在对100个工作年限不超过3年的个人咨询案例统计分析后发现，其中有80%的人或多或少是由于大学专业选择的失误导致职业定位不清或发展瓶颈。那究竟该如何正确选择专业呢？

我认为其根本原因有以下几点：

（1）对专业的不了解。

进入大学后，以为选择了一个自己很喜欢的专业，并在最开始抱有极大的热情想要学好这门课，但当自己真正深入地学习后才发现，原来离自己想的相差甚远。有这么一个例子，一个同学在大学时选择的专业是医学管理，以为不涉及临床，毕业后找的工作一定是医院人事部之类的差事，没想到等到大三的时候开始学习解剖学，每天与尸体为伴，该同学最终因自身原因放弃了原来的专业。这就是对专业连最基本的定位也没有的后果。没有自己的主见，唯命是从。家长由于经验丰富，并在多方面的考虑下，希望自己的子女能学习自己比较看好的专业，却没有顾及子女自己的想法。如果孩子能写得一手好文章，你却偏希望他成为一名会计，那即便最后成为了，他会是这个领域的佼佼者吗？所以，家长可以为孩子提供专业方面的建议，但不要忽略孩子自身的爱好。

（2）盲目跟风，就业原则。

北京市大学生统计发现，考硕士研究生时换专业的学生高达46.8%。为什么？很大一部分原因是由于在填报专业时盲目跟风导致的。比如说近几年来，这几个专业比较吃香，好找工作，那么这些专业的填报人数就会直线上升。不管是父母还是自己的选择，都没有考虑到此专业到底适不适合自己。

因此，作为一名高二学生，在这个假期中我认真考虑了自己即将面临的填报专业的问题。我的妈妈是一名内科医生，从小在我的心目中就是白衣天使的形象，救死扶伤、恪尽职守。医生是一个站在风口浪尖上的职业，他们被误解、被医患矛盾伤害，看着报纸上医生被某家属捅伤的惨案，某家属到医院里大闹的新闻，我感到很伤心。在任何行业中，都有无良无德的人存在，我们不应该以一小部分否定了一个善良的大集体。试问，如果医患矛盾一直没有得到改善，那么想当医生的人就会越来越少，最后危及的难道不是病患的利益？难道不是普通老百姓的利益吗？虽然这些事实每天充斥着我们的生活，但都没有让我的梦想有丝毫的动摇。

众所周知，随着社会的不断发展和进步，人类各种突发疾病也越来越多，社会的高速发展必然会伴随着中毒、化学物质伤害、火灾等事件，医生也承载着越来越重的任务和责任。而作为一名优秀的医生，需要掌握心血管、呼吸内科、外科监护室、麻醉科、神经内、外科等众多科目。如果要做好一个优秀的外科医生，我在各方面还要努力。

我认为医生首先要有崇高的敬业精神，要有精湛的医学技术和追求卓越、负责、诚实、正直、严谨的科学态度。

能力：医生要有坚韧的毅力，和绝对的耐心，还要有独立学习的能力。好的学习能力能为我以后的职业能力打下了基础。从走出校门穿上白大褂，选择了外科医生那一刻起，就要坚守这永恒信念——"健康所系，性命相托"。想成为医生，从现在起就要谦虚做人，务实做事，培养良好的从医素质。否则，不仅难成大器，还将影响在今后医疗团队中健康氛围的形成及学科学术水平的整体提高。

独特的人格魅力：传统的外科手术使患者在机体遭受疾病的情况下，还要经受手术创伤和流血，因此患者对手术多有不同程度的焦虑、恐惧等复杂心理，医生的言谈举止、情绪变化等都可能对患者产生影响。所以，外科医生要细致观察，精确判断，冷静思考，果断抉择，这是一个优秀外科医生必备的基本素质。好的心理素质。诊断治疗有时走一步，看一步，这是医学的特殊性决定的。手术是治疗外科疾病的主要手段，但难免会出现并发症和意外，这需要外科医生具备良好的心理承受能力，沉着冷静，寻求最佳解决途径。

从现在开始，好好学习，为梦想奋斗，在不久的将来，希望能在某医院里看到我治病救人的身影。

（三）学生会：培养锻炼学生的领导力

领导力强调学生的社会责任感、服务社会的意识和组织管理能力。学生会是培养学生领导力的重要组织。学生会可以让学生体验在真正做事的过程中成长，在服务他人的过程中感受做人的尊严，体味付出的快乐。

学校学生会是为广大学生提供的发展领导力的条件和平台，可以帮助学生提升对团队、公众、社会、人类事务的责任感、使命感和抱负感；对正义、公平、以人为本等人类基本行为准则的认同和捍卫；在团队、组织活动中的自律、忠诚、合作、服从；教养、诚信、执着等人格魅力。学生领导力的培养是一个过程，蕴含在学生生活中。

学生会——梦想的舞台

王璐（原学生会主席，现在就读于清华大学）

时间，像握在手中的沙，不经意间便从指缝悄然流逝。有时，似乎初三为中考奋斗的日子还在昨日，可我现在已经是一名高二的学生了。想想高中度过的近两年时间，我想虽不足以用精彩来形容，但对于我来说，的确充实而快乐。在保证校内学习成绩优秀稳定的前提下，我又积极参加到各种丰富多彩的活动当中。我慨叹时间飞逝，却更感谢这些流逝的时光带给我的经历，因为每次活动，都让我有所收获，有所成长。

　　学生会,一个一直让我向往的地方。我渴望在学生会这个大舞台上,能够扮演一个角色,通过自己的努力,展现出自己的能力,让自己成为舞台上最闪亮的角色。我很幸运,在高一,我参与了学生会的换届选举,并且通过竞选成为了学生会副主席。一个高起点,意味着更多展示个人能力的机会,也意味着更多的挑战。为此,我应该更加努力,用最完美的表现来回馈这场表演——当时,我这样承诺着自己。

　　进入学生会后,我发现这里的确是一个人才云集的地方,在这里我充分展示自己的同时,也在学习着别人,完善着自己。我在学生会的第一年,作为副主席,我尽力做好我的工作,辅助主席开展各项工作。同时,我也积极向上一届的同学学习,吸取他们优秀的工作经验。事实也证明,我学到的这些能力都对我有很大的影响。

　　我们曾走进各班,向各班同学介绍学生会,并征集大家理想的春游地点。这就要求我们要在面对很多我们不熟悉的同学的同时,要能清晰地表达我们到各班的想法、目的。活动中,我从上届同学那里学到了演讲的技巧,以及面对众人从容淡定的魄力。同时,在这一年中,我们在学校的社团开发上开展了大量工作。从原先的几个社团,扩充为如今的10余个社团,极大地丰富了同学们的课余生活。在去年的运动会上,我们利用运动会中午休息的时间,举办了一次大型的社团招新活动,当天场面可谓极其火爆。在活动策划的时候,我充分领略了学生会的前辈们考虑问题的全面以及抉择的果断,并在学习切磋的过程中,内化成了我自身的能力。

　　如今,已经是我在学生会工作的第二年了,我也很荣幸地担任了学生会主席的职务。无疑,这给了我更大的舞台,也给了我更大的挑战。

　　首先,我完成了身为学生会主席的一些常规工作,如主持升旗仪式,并且与老师和副主席一起制定了九中的学生会章程。其次,本学期伊始,我们的工作重心依然在社团工作上。去年完成了社团数量上的增长,我们清醒地意识到,如今更重要的,是确保社团能高质量运作。为此,我们决定进行星级社团的评选,以此激励各社团开展高质量的活动。与此同时,我们在3~4月还将举办九中首届社团节。社团节中,每位学生会的成员都将参与策划,各个社团也将有机会向同学充分展示自己社团的特色。通过社团节,我相信,会使我们学生会的每个人得到一次历练,更重要的是,能使更多的同学了解社团活动现状,参与自己喜欢的社团,壮大社团规模,也让各社团在相互竞争、相互学习中不断完善。另外，在这学期接下来的几个月中，我还将和学生会其他成员一起组织多次校园活动。例如：接待国外友好学校来访、举办读书交流会、举办全校歌咏比赛，等等。活动中，我会带领学生会全体成员成为活动的主要策划者，调动起大家的积极性、自主创新能力、独立完成任务的能力。同时，我也会定时召开例会，让大家及时交流工作经验，相互促进，共同进步。我想，身为学生会主席，调动学生会全员投身于一项活动中，并且是真正去做一件可以使身边同学们受益的事情，让我感到幸福而满足，或者说，是我价值的体现。

心有多大，舞台就有多大。我想，学生会为我搭建的舞台就是这样。在这个舞台上，我们敢梦想，追梦想，也完成了梦想。

第三节　参与社区服务

一、社区服务的必备知识

（一）什么是社区服务

社区服务是学生在教师指导下，参加社区活动，通过服务社区的活动，使学生熟悉社区在地理环境、人文景观、物产特色、民间风俗等方面的特点，继而萌生亲切感、自豪感，并懂得爱惜、保护它们，并能学会综合运用学过的知识，从而掌握基本的服务社区的本领，形成建立良好生活环境的情感和态度；也能使学生在服务的过程中学会交往、合作，懂得理解和尊重，形成团结意识和归属感，增强服务意识和责任感。社区服务活动是一种义务的、志愿性的活动，内容可以包括以下几个方面：社区科技文化活动、社区环境卫生建设活动、志愿者活动、捐助活动、校内服务等。

高中三年中，共参加不少于10个工作日的社区服务就可认定获得2学分。

（二）社区服务的基本程序

1. 学校或社区发布活动信息

学校会统一安排活动，并面向全体学生发布活动信息，在活动之前对学生开展安全、法制、礼仪教育。

学生所居住的社区也会发布社区活动信息，可以按照要求去社区报道并参与社区活动。活动后社区会给学生社区活动手册做记录。

2. 内容选择与活动计划

个人参加社区服务的学生可自主选择，并制订活动计划；学校组织社区服务由教导处、校团委、团支部或班委会制订活动计划；社团组织志愿者活动由社团负责学生在征求社团指导教师的意见后制订活动计划；校内服务由提供校内服务岗位的部门制订活动计划。

3. 实施活动计划

按计划进行活动，发挥团队精神，相互协作，并记录活动过程与活动心得。

4. 总结与交流

活动结束后，写出活动小结和活动过程中的体会心得。先在小组内交流，然后组织在小组间交流，优秀成果在年级和学校进行展示。

5. 填写活动记录表

学校组织的活动由班主任填写在学生个人活动记录表上并签字确认，学生参与校团委或学生社团所组织的志愿者活动由相关指导教师填写在学生个人活动记录表上并签字确认，学生参与校内服务由提供校内服务岗位的部门填写学生活动记录表上并签字确认。学生自行参加的社区活动，由学生本人在活动结束后，将活动记录表交社区记录后带回学校。

6. 学分认定

教导处、团委或学生社团组织的社区服务活动由负责教师进行初步学分认定，学生自行组织的社区服务活动由班主任根据服务单位签章的服务时间证明来进行初步学分认定，最后由学校综合实践指导小组进行最终的确认。

二、社区服务的要求与建议

（一）参与社区服务的建议

让学生有更多的自主设计、自主实践的机会，学生主要利用寒暑假和节假日等时间实施社区服务，利用课余时间实施校内服务。综合采用多种组织形式，既可是学生个人参与家庭所在社区服务，也可是团支部、班小组参与学校所在社区提供的岗位服务，还可是社团活动参与社会志愿者服务，或在团支部、班小组组织下参加校内服务，既培养学生的独立意识，又培养学生的团队观念、合作精神。

（二）参与社区服务的基本要求

（1）认真学习团委、德育处、教导处组织的有关社区服务的理论学习和相关培训，在心理和技术层面对社区服务有充分的准备。

（2）在进行社区服务前要做出自己或者本小组的服务规划或计划，预计出社区服务的成果或结果，以便在活动过程中学生积极并主动地投入到社区服务的活动中，并能不断地对自己的行为和思想进行纠正和反思。

（3）在社区服务过程中，要结合学校的活动计划、主题和要求，设计自己或小组的活动内容，如敬老养老、拥军优属、法制宣传、清洁环保、扶贫帮困、科普宣传等，活动在不脱离大的教育主题前提下可以因地制宜有所创新。

三、社区服务的案例分享

(一) 走进太阳村

北京九中师生一行 40 余人来到顺义太阳村，慰问太阳村的孩子们。太阳村是一个专门帮助服刑人员无人抚养的未成年子女的公益组织。从 1996 年开始全国已经成立了 9 个太阳村，已经帮助了 8000 余名未成年人。太阳村的生活条件艰苦，6 岁以下的孩子不参与劳动，6 岁以上的孩子要正常上学并在课余时间到花房、蔬菜、水果大棚参加劳动。九中公益服务团队为太阳村的孩子带来了 5000 余元的米、油、面、生活用品等，并在花圃中购买 5102 元的各种花卉。同学们将花卉摆放在教室、老师办公室，并精心照料，借此希望太阳村的孩子们能像这些鲜花一样健康、茁壮成长。

社会生活是多色调的，美好的生活与社会的美好紧密相连。我们要主动去发现、感受社会生活的美好，热爱社会，亲近社会。利用社会给我们提供的条件不断进取，创造更加美好的生活。当你身处困境的时候，不要悲观，不要抱怨，积极努力，求助社会，终会跨越人生的难关。但社会生活中也难免出现贫困、不公等社会问题，我们的社会是在发展过程中，在解决问题的过程中展现她的美好。

高中生参与社会公益活动对社会技能的培养主要表现为：①积极参与社会公益活动，是一个人回报社会的重要途径。②在参与社会公益活动中，我们将增长社会知识，锻炼实践能力，培养优秀品德，养成亲社会行为习惯。亲社会行为是指人们在社会交往中表现出来的那些有利于社会和他人的行为。亲社会行为的表现有对遭遇挫折和不幸的人能够给予同情和关心；对处于困境和危难的人能够伸出援手；在共同的事业中能与他人合作；在利益面前乐于与他人分享。

（二）社区服务岗位体验

（商务楼宇工作站岗位、枢纽型社会组织岗位）

应聘条件：（1）一定要具备为人民服务的精神，这是作为社区工作者来说最重要的，态度决定一切。（2）要熟识礼仪，就是待人接物不急不躁，礼数周全。（3）语言，口齿清晰，有逻辑，善于沟通。（4）学习能力，思维要清晰，反应要敏捷。

工作内容：包括宣传法律和国家政策，维护居民的合法权益，开展多种形式的社会主义精神文明建设活动；办理本居住地区居民的公共事务和公益事业；调解民间纠纷；协助维护社会治安；代表居民向人民政府或者它的派出机关反映意见和提出建议等。

笔试内容：时事政治、公共管理、法律基础、社会建设知识及从事社会工作人员应具备的基本潜能等。

假期体验杨庄社区工作者学生体会1

这是一次与过去截然不同的社区活动。这次，我是活动的设计者而并非参与者，从最开始的资料查找到最后的课件制作，我步步都有参与，也体会到社区工作并非我们想象中的那么容易。这是我第一次接触一份比较正式的工作，很考验人的各方面能力以及临场发挥，让我受益匪浅。

张今津反思：

"社会实践"这个词我早有耳闻，无疑就是学生体验生活的一种方式，可是当我真正经历过一次时，我才发现之前那种想法很幼稚、可笑，因为它并不像我们想象的那么容易。社会实践中认清自己的位置，发现了自己的不足，对自身价值能够进行客观评价。这在无形中使我对自己有一个正确的定位，增强了我努力学习的信心和毅力。

活动进行得很顺利，在关于马的成语提问的环节，许多小朋友都积极地回答问题，我的紧张也慢慢平复，但兴奋的心情却久久难以平静。活动结束后，居委会工作人员向我们致以谢意，我的心头涌上了浓浓的成就感。

假期体验杨庄社区工作者学生体会2

这是我的第一次的暑期实践活动让我获益颇多。从最开始对于活动的设计，到后来主持人台词的撰写，活动的彩排调整，都亲力亲为。虽然在学校中也经常参与类似的活动，但从未有一次是从头到尾都由自己来做。在这个组织过程中，要求我们拿出比平时更多的耐心、做更多的与学校学习生活不同的功课，了解更多、思考更多，在这个过程中学到的不仅是知识，更多的是组织能力、表达能力、团队合作能力等在学校不能系统学习，但在生活和以后的工作中必不可少的技能。

第四节　做好研究性学习

一、研究性学习的必备知识

（一）什么是研究性学习

研究性学习是指同学们在现实生活情境中，通过亲身体验解决问题的自觉学习，是在教师指导下，从学习生活和社会生活中选定和确定研究专题，以个人或小组合作的方式进行研究，以类似科学研究的方式主动地获取知识、应用知识解决问题的学习活动。

通过研究性学习，还可以帮助你了解科学研究的基本过程，从而反思自己对将来从事学术研究是否感兴趣及是否具有学术研究的潜质，帮助你明确将来的受教育及职业方向。

（二）研究性学习的基本步骤

作为综合实践活动课程的重要组成部分，研究性学习在许多学校已经得到了落实，现在对其一般步骤进行介绍。

1. 确定课题

大多数研究性学习都是围绕着一个特定课题开展的，所以第一个环节应该是确定课题。课题的内容来自三大领域：人与自然、人与社会、人与自我。课题的确定方法可以是同学们独立提出，也可以是在教师的指导下共同讨论得出。通过问卷调查、实地考察等方法确定主题，找出研究方向。

2. 划分小组

研究性学习是以一个小组为单位的，小组可以相对固定也可以根据研究性学习的内容做适当的调整。但是无论如何，一个合理、科学的分组可以使我们的学习活动收到更好的效果。

3. 撰写开题报告

按照要求撰写开题报告，"凡事预则立，不预则废"，制订周密可行的计划是课题实施的保证。而且制订计划的过程也是同学们对研究对象进一步了解和对研究方法适当运用的开始。计划要有明确的目标、时间、地点，还要包括适当的资料收集方法、工具材料的准备、特殊情况的应对等说明，尤其是必要的安全方案。

4. 计划实施

根据计划实施具体的工作。一般情况下是以小组为单位，各自履行自己的职责。例如，通过网络了解相关的问题研究现状，可以到图书馆查找资料，参观访问、实地考察、实验验证，可以对有关的专业人士进行采访，等等。实施阶段是研究性学习的核心部分，只有充分地占有真实的资料才能够得出正确的结论。在实施阶段要注意保留第一手资料，体验经历过程，在实际中注意安全也是一个重要问题。

5. 整理总结

通过具体的实施过程，同学们要整理分析搜集的资料，验证自己的假设，并综合资料提出自己的观点或结论。这是一个总结提升的过程，如果遇到新的问题，可以结合问题进行再次的相关研究，以便得出更符合客观事实的结论。

6. 交流展示

通过研究论文、主题演讲、小品表演、辩论会等形式，将自己的研究成果进行展示。这是研究性学习的重要阶段，通过展示自己在整个过程中的所思所得，体验研究性学习的过程，学会分享、学会欣赏。

7. 自我反思

在交流展示的基础上，通过研讨、写作等方式，反思自己的研究历程，综合评价自己的研究活动，为下一步的学习和研究提供经验与借鉴。

二、研究性学习的组织与实施

（一）研究性学习的组织管理

一般来说，学校研究性学习由教学副校长总负责，实行"任课教师+导师"模式，由校综合课程处具体负责，教务处、研究性学习教研组和指导教师共同参与实施。其中，"任课教师+导师"是指研究性学习教师负责组织、引导全班的研究性学习进度，各小组在指导教师的指导下分别进行具体的研究活动。学校课程处负责研究性学习教研组的教学过程及教学研究的管理、督促，教务处的排课及评价建档的协调，以及各班任课教师和各小组指导教师的安排、培训和评价考核工作。教务处根据教研组提交的教学计划安排课表，以保证研究性学习的课时，同时负责管理学生的研究性学习学分档案。学校会安排研究性学习备课组，研究各年级的研究性学习各个环节的教学，并负责各年级研究性学习的学分认定。而各小组的具体研究由指导教师进行指导。

（二）研究性学习课程计划

学生通过完成研究性学习课题获取学分，在高中三年中至少完成3个研究课题，每个课题5学分，共15个学分。

一般来说，是按年级来安排3个研究课题的：

安排\年级	高一	高二	高三
上课形式	集中安排课时	集中安排课时	分散研究
研究内容	自由选题	自由选题	个人发展方向研究
周课时	4	4	随机安排
学年总课时	108	108	54

在校外参与课题研究的学生，如可以出示相应科研单位、学校、科技场馆提供的参与课题研究证明，该生可以不参加该学年本校指定时间的研究性学习导师辅导，但应随着课题进度向研究性学习教研组提交相应研究进展。

（三）研究性学习课程评价

1. 评价原则

体现形成性评价的特点，强调对过程的评价和在过程中的评价，评价要和指导密切结合；重视学生在学习过程中的自我评价和自我改进，使评价成为学生学会实践、反思、发现自我、欣赏别人的过程；强调评价的激励性，鼓励学生发挥个性特长，施展自己的才能，努力形成有助于广大学生积极进取、勇于创新的气氛。

2. 评价内容

研究性学习评价按时间分为开题评价、中期评价、结题评价三个阶段。各阶段的评价都由学生自我评价、小组评价、导师评价组成。评价的具体内容包括学生参与研究性学习的态度、合作精神、创新精神和实践能力的发展情况、对学习方法和研究方法的掌握情况等方面。

在研究过程中，学生小组应在每次研究活动后做好《研究性学习活动记录》，并请导师填写指导意见，《研究性学习活动记录》也作为评价的重要组成部分。

在研究过程中，由研究性学习教师负责督促学生建立好研究性学习档案，最终上交给教研组作为学分认定的依据并存入学生档案。研究性学习档案应包括：开题报告和研究方案，《研究性学习活动记录》，课题研究中所收集的材料、资料和参考文献，研究成果（论文、结题报告），感受体会小结。

3. 学分认定

学分认定由研究性学习教研组负责。各备课组按照"开题评价 20% + 中期评价 20% + 结题评价 20% + 《研究性学习活动记录》20% + 个人总结 20%"的权重计算每个学生的总得分后，按照 60 分以下"不及格"、60~74 分"及格"、75~84 分"良"、85 分以上"优秀"给出四个等级，不及格者不予以学分。评价结果由综合课程处存档。

在校外参与课题研究的学生，如研究成果获得市级奖励，该生该学年研究性学习以"优秀"成绩获得相应学分。

在校外参与课题研究的学生，如研究成果获得区级奖励，该生该学年研究性学习以"优秀"成绩获得相应学分。

三、研究性学习的要求与建议

（一）研究性学习课题选择的建议

进行科学研究选题非常重要。课题选得怎样，关系到研究有无价值，研究能否顺利进行等一系列重要问题。两次获诺贝尔奖的巴尔丁博士曾说，决定一个研究能否取得成效，很重要的一点就是看他所选择的课题。

第一，注意课题的难易程度要适中。

难度过大，目前的能力还无法完成，如"夏商周的断代"问题。如果课题过于简单，小学生也能完成，就不能够使自己综合运用在高中阶段学过的知识，提高自己解决问题的能力。

第二，课题的大小要适中。

题目过大（往往难度也过大），限于时间和精力，不可能在短期内完成。如"《红楼梦》研究"，这类课题难度大，需要搜集大量资料，而且花费时间长，不适合高中生研究。不过我们可把它缩小为对其中某一个问题或几个问题的研究，如"贾宝玉的叛逆形象"。

第三，课题的陈述要简洁、具体、明了。

确定研究课题，应当用简洁明了的词语来陈述。例如，有一个同学想研究高中生开设的阅读课对阅读成绩的影响，他把题目定为"高中阅读课"。这种宽泛的不包含任何问题的陈述显然不合要求，可以改成"高中生开设阅读课程对提高阅读成绩的影响"，这样就比较具体，也包含了问题在其中。

（二）研究性学习具体要求

1. 开题报告的格式

课题题目：		聘请指导教师：	
年级：	班级：	组长：	
课题组成员名单	姓名	性别	分工
研究的主要内容（具体写研究几个方面内容）			
研究的目的与意义			
研究方法（具体写选用观察法、问卷调查法还是实验法等，写清主要步骤）			
研究时间进度安排（以"周"记）			
成果形式（其中必须有研究报告一份）			

2. 研究性学习报告的撰写要求

文章封面
标题行居中（宋体 3 号加粗）
研究者姓名（小组组长写在第一个）
研究报告执笔
指导教师
摘要：100～300 字（概括性介绍文章内容、研究结论）
关键词：研究中经常使用的 3～5 个科学性名词
正文部分：
一、文献资料综述
　　查阅了哪些相关知识和相关资料，这些知识和资料的具体内容是什么需要写在这一部分。
二、研究内容
　　详细描述研究的几个层次、方面。
三、研究方法
（1）研究对象：选择哪些人或者事物为研究对象；
（2）研究用具：研究用的问卷、访谈题目、观察记录表等；
（3）研究程序：详细描述研究进程，每次小组活动什么时间，做了什么。
四、结果分析
　　以表格、图形等形式呈现客观的问卷调查结果、访谈结果或者观察发现的现象和规律。
五、综合讨论
　　根据数据结果总结出一定的规律、方法，阐述研究者的观点、建言。
六、参考文献
　　逐条具体列出阅读和参考的书籍、网站、杂志、报纸。
七、附录
　　附上自编的问卷、访谈提纲等研究材料。

四、优秀研究性学习作品展示

高中生情绪状态及调节方法研究报告

研究者　杨翘楚、高深、杨树、何静、薛凯宇、李依滉、孙祎
研究报告执笔　高深、杨树
指导教师　白晔

摘要

本报告针对中学生情绪现状、情绪影响因素、情绪调节方法、情绪调节有效性进行研究，发现中学生面对的学习压力、交往压力、生涯选择压力比较大，他们的情绪受到他人期待、社会环境的影响，他们的自我调节技能尚需提高。另外，本研究试图探明心理健康教育的规律、方法，希望对同学和老师有所帮助。

关键词　高中生　情绪状态　调节方法

正文

一、文献资料综述

近几年，我国在对以往教育观念思想改革的基础上提出了素质教育的观念，素质教育在我区也正在迅速发展。然而，长期以来，关心中学生成长的热点大多集中在孩子的饮食、身体、学业成绩以及升学就业等问题上，忽略了与每个中学生发展息息相关的心理健康教育问题。从各方面调查来看，中学生心理健康的情况令人担忧。据加拿大、日本学者估计，中学各年级学生中，约有15%的学生具有各类的心理问题，其中男生高于女生，城市高于农村，包括情绪障碍、不良习惯、性格问题等。时下中学生问题日益增多，中学生心理健康教育应是引起我们重视的一个课题。

二、研究内容

（一）高中生情绪状态

家庭交往中的情绪状况、同伴交往中的情绪状况、面对考试压力的情绪状况、是否有恐惧、是否有焦虑。

（二）高中生情绪调节方法

了解方法的种类和适用效果。

三、研究对象与研究方法

（一）研究对象

某高中高一（8）班12名抽样学生。

（二）研究用具

自编问卷（题型为选择题，例：18. 你平时是否觉得自己很强健？
A. 否　B. 是　C. 不清楚）。

（三）研究方法

采用不记名问卷调查法（本问卷绝对为被调查学生保密，维护其个人稳私）。

（四）研究程序

1. 明确研究内容：9月9日
2. 查找资料：9月11日、18日、25日
3. 编制问卷：10月1~7日
4. 修改问卷、排版印刷问卷：10月9~15日
5. 施测：10月16日

6. 统计数据：10月23~26日

7. 后续访谈：11月1~10日

四、结果与分析

（一）量化结果

1. 评分标准：本调查问卷采用记分制，分值为0~60分。

0~20分，情绪稳定、自信心强，具有较强的美感、道德和理智感。有一定社交能力，能理解周围人的心情，顾全大局。一定是一个性情爽朗的人。

21~40分，情绪基本稳定，但较为深沉，对于任何事情考虑过于冷静，处事漠然消极，不善于发挥自己的个性。自信心受到压抑，办事热情忽高忽低，易瞻前顾后、踌躇不前。

41~50分，情绪不稳定，日常烦恼过多，使自己心情处于紧张和矛盾之中。

51~60分，情绪极为异常，是一种危险信号，需要心理医生的进一步诊断。

2. 评分结果

人数 \ 分数	0~20分	21~40分	41~50分	51~60分
12人	1人	10人	1人	0人

平均分：29分。

各区间百分比如下：0~20分：8.33%

21~40分：83.33%

41~50分：8.33%

51~60分：0.00%

（二）重点题目分析

根据调查问卷数据显示，平均分落在"21~40分"区间，即大部分同学属于"情绪基本稳定"这一区间，说明同学们的情绪还是不错的，但是仍有同学处于"情绪不稳定"区间，他们需要情绪调整，避免继续滑向危险区。现在就问卷中的几个题目进行进一步分析。

1. 你是否被朋友、同事或同学起过绰号并挖苦过？

A. 常有的事　　　　　　B. 从不如此　　　　　　C. 偶尔如此

这道试题选A的是4人，选B的是2人，选C的是6人。可见被起外号并挖苦的同学还是很多的，可能大部分同学被当众挖苦而感到尴尬或气愤。但是你可以换一个角度去想，因为大家很喜欢你，觉得你很亲近，把你当好朋友，才会与你开玩笑。这样一想你就不会尴尬，甚至感到气愤，反而是感到高兴，因为你有很多好朋友。

2. 你上床之后是否经常再次起来，看看门窗是否关好？

A. 经常如此　　　　　　B. 从不如此　　　　　　C. 偶尔如此

这道试题选 A 的是 1 人，选 B 的是 6 人，选 C 的是 5 人。可见有不少同学存在由于精神紧张而引起的强迫行为，虽然只是偶尔有之，但也反映出同学们对自己的不信任，可能表现为疑虑、强迫行为。

3. 你是否觉得没有人十分了解你？

  A. 是，没人了解　　　　　　B. 否，有人了解　　　　　C. 不清楚

这道题选 A 的是 4 人，选 B 的是 7 人，选 C 的是 1 人。可见大部分同学都是被别人了解的，这一点很好。但是还是有一小部分同学选 B 和 C，这些同学可能属于比较内向，不喜欢和别人交谈，所以导致没人了解你。建议这些同学尽量敞开心扉，和其他人去交谈，交一些知心的朋友，让他们了解你。

4. 每到秋天，你常有的感觉是什么？

  A. 秋雨霏霏、枯叶满地　　　B. 秋高气爽、艳阳天　　　C. 不清楚

这道题选 A 的是 7 人，选 B 的是 3 人，选 C 的是 2 人。可见大部分同学在秋天心情会不好，有句诗是这样写的："自古逢秋悲寂寥，我言秋日胜春朝。"诗人就与世俗之人看法不一，他就认为秋天还胜过春天的早晨。我建议选 A 与 C 的同学能够抱有像本诗诗人一样的胸怀。更主要的目的是让同学不因外界环境而影响自己的好心情，善于感悟环境中的美！

（三）后续访谈

时间：11 月 12 日

地点：高一（8）班

采访人：杨翘楚　高深

被采访人：何静

杨：请问，你觉得造成情绪困扰的原因是什么？

何：我认为，造成情绪困扰的原因首先是学习带来的心理压力很大；然后是自信心不足；接着是人际关系不协调，敏感；最后是人们的"逆反心理"现象突出。

高：那你知道情绪调节方法的种类都有哪些吗？

何：知道，有注意力转移法；合理发泄情绪法；自我控制情绪法。

杨：当你遇到这些问题时，你是怎样来调节的呢？

何：我积极参加锻炼和保持良好的膳食习惯；寻找产生压力的根源；集中精力做一些事情；按自己的方式去生活；不要人云亦云，应重视自己的选择；当面临压力时，学会放松；寻找有益的伙伴；对情绪进行控制；转移不良情绪；劝说不安情绪。以上是我认为比较好的调节方法。

五、综合讨论

对青少年而言，虽然心理状态受着各种各样生活环境的制约，但是，仍然可以通过自己的努力来改善消极因素，促进与维持心理健康。一般来说，心理健康最根本的还是要靠自我的心理调节。

根据重点题目1的分析，可以总结出来的方法是"转变想法"。除了题目所说的情况外，还有很多类似的问题。例如：一名司机开到十字路口，信号灯变成了红色。这时很多司机都会想"真烦，差一点就过去了"，但是可以转变一下想法"绿灯再一次亮起的时候我是第一个出发的人"。这样心情就会变好。所以我们从这方面问题得到的调节方法是"转变想法"，去换一个好心态对待一件令你烦心的事，这样会使你忧郁的情绪变好的！

根据重点题目2的分析，建议"过度细心"的同学尽量把紧张的心情放松，到郊外、公园等安静的场所走一走，散散心。避免令自己的神经过度紧张而导致心理疾病。

根据重点题目3的分析，建立和谐的人际关系。在社会生活中，和谐的人际关系可以消除孤独感，获得安全感。以善意的态度与人相处，而不以敌意的态度对人；尊重他人，而不强加于人；真诚地鼓励与赞美，而不是虚伪地恭维和奉承。只有这样才有可能真正建立和谐的人际关系。在人际交往中，有时难免发生误会，宽容大度，会赢得尊敬，促进心理的健康发展。

除了上述根据例题所得出的调节方法之外，还有更具体的自我调节方法：

（1）树立正确的理想和世界观。青年时期是人智力发展的高峰阶段，只有树立了正确的理想和世界观，对社会和人生有了正确的认识，才能科学地分析周围所发生的情况，冷静地、妥善地对待事情，保证心理反应适度，防止心理反应失常。

（2）培养良好的自我意识。年轻人要正确地认识自身特点，客观地评价自己的能力，把主观的要求同客观条件的限制结合起来考虑，选择切实可行的生活目标，并不断反省自己，调整"现实我"与"理想我"之间的差距。否则，容易产生心理冲突，影响心理健康。

（3）保持健康的身体。加强个人体魄锻炼，有利于调节人体各部分器官的生理机能，增进身体健康，保持旺盛精力，提高大脑工作效率。

（4）保持稳定的情绪。稳定使人心境安定，学习、生活以及工作三者之间应富有节奏。有的人情绪极易波动，忽而兴高采烈，忽而愁眉苦脸，情绪不稳定，容易使人心理失去平衡，时间一长就可能失调，导致心理异常。

（5）改变不良习惯。不良习惯是实施正确行为的障碍，有害于身心健康。改变的方法可分两步：第一步是习惯解冻，使自己与不良习惯的环境、条件、来源隔离，严格自我评判，设计新的行为标准；第二步是习惯转变，加强自我监督，强化良好的行为习惯。

（6）积极参加社会活动。要积极参加集体活动，友善地与同伴、朋友交往，这样能促进个人身心的健康发展和创造性的发挥，体现自身存在的社会价值，领会生活的乐趣。如果经常与集体隔离，易养成孤僻的性格，影响心理健康。

以上就是较为详细的自我心理调节方法，但由于这些方法有局限性，仅适合需轻度心理调节人群，不适合所有人群，如症状严重者，仍需参照心理医生或心理研究专家的诊断及医治。

附录

中学生心理调查问卷

各位同学：你们好！下面这份问卷是为了对大家的学习生活心理方面作个了解，望大家按照实际的情况认真填写，并计算出自己的成绩，谢谢合作。

1. 看到自己最近一次拍摄的照片，你有何想法？
   A. 觉得不称心　　　　　　B. 觉得很好　　　　　　C. 觉得可以
2. 你是否想到若干年后会有什么使自己极为不安的事？
   A. 经常想到　　　　　　　B. 从来没有想过　　　　C. 偶尔想到
3. 你是否被朋友、同事或同学起过绰号并挖苦过？
   A. 这是常有的事　　　　　B. 从来没有　　　　　　C. 偶尔有过
4. 你上床以后，是否经常再起来一次，看看门窗是否关好？
   A. 经常如此　　　　　　　B. 从不如此　　　　　　C. 偶尔如此
5. 你对与你关系最密切的人是否满意？
   A. 不满意　　　　　　　　B. 非常满意　　　　　　C. 基本满意
6. 半夜的时候，你是否经常觉得有什么值得害怕的事？
   A. 经常　　　　　　　　　B. 从来没有　　　　　　C. 极少有
7. 你是否经常因梦见什么可怕的事而惊醒？
   A. 经常　　　　　　　　　B. 没有　　　　　　　　C. 极少
8. 你是否曾经有多次做同一个梦的情况？
   A. 有　　　　　　　　　　B. 没有　　　　　　　　C. 记不清
9. 有没有一种食物使你吃后呕吐？
   A. 有　　　　　　　　　　B. 没有　　　　　　　　C. 记不清
10. 除去看见的世界外，你心里有没有另一个世界？
    A. 有　　　　　　　　　　B. 没有　　　　　　　　C. 记不清
11. 你心里是否时常觉得你不是现在的父母所生？
    A. 时常　　　　　　　　　B. 没有　　　　　　　　C. 偶尔有
12. 你是否曾经觉得有一个人爱你或尊重你？
    A. 是　　　　　　　　　　B. 否　　　　　　　　　C. 说不清
13. 你是否常常觉得你的家庭对你不好，但是你又确知他们的确对你好？
    A. 是　　　　　　　　　　B. 否　　　　　　　　　C. 偶尔
14. 你是否觉得没有人十分了解你？
    A. 是　　　　　　　　　　B. 否　　　　　　　　　C. 说不清楚
15. 你在早晨起来的时候，最常有的感觉是什么？
    A. 忧郁　　　　　　　　　B. 快乐　　　　　　　　C. 讲不清楚

16. 每到秋天，你常有的感觉是什么？
   A. 秋雨霏霏或枯叶遍地　　B. 秋高气爽或艳阳天　　C. 不清楚

17. 你在高处的时候，是否觉得站不稳？
   A. 是　　B. 否　　C. 有时是

18. 你平时是否觉得自己很强健？
   A. 否　　B. 是　　C. 不清楚

19. 你是否一回家就立刻把房门关上？
   A. 是　　B. 否　　C. 不清楚

20. 你坐在小房间里把门关上后，是否觉得心里不安？
   A. 是　　B. 否　　C. 偶尔是

21. 当一件事需要你作决定时，你是否觉得很难？
   A. 是　　B. 否　　C. 偶尔是

22. 你是否常常用抛硬币、翻纸牌、抽签之类的游戏来测凶吉？
   A. 是　　B. 否　　C. 偶尔

23. 你是否常常因为碰到东西而跌倒？
   A. 是　　B. 否　　C. 偶尔

24. 你是否需要一个小时以上才能入睡，或醒得比你希望的早一个多小时？
   A. 经常这样　　B. 从不这样　　C. 偶尔这样

25. 你是否曾看到、听到或感觉到别人觉察不到的东西？
   A. 经常这样　　B. 从不这样　　C. 偶尔这样

26. 你是否觉得自己有超乎常人的能力？
   A. 是　　B. 否　　C. 不清楚

27. 你是否曾经觉得有人跟着你走而心里不安？
   A. 是　　B. 否　　C. 不清楚

28. 你是否觉得有人在注意你的言行？
   A. 是　　B. 否　　C. 不清楚

29. 当你一个人走夜路时，是否觉得前面暗藏着危险？
   A. 是　　B. 否　　C. 偶尔

30. 你对别人自杀有什么想法？
   A. 可以理解　　B. 不可思议　　C. 不清楚

以上各题选 A 记 2 分，选 B 记 0 分，选 C 记 1 分。

0～20 分：表明你情绪稳定、自信心强，具有较强的美感、道德和理智感。你有一定的社会活动能力，能理解周围人们的心情，顾全大局。你一定是个性情爽朗、受人欢迎的人。

21～40 分：说明你情绪基本稳定，但较为深沉，对事情的考虑过于冷静，处事淡漠消极，不善于发挥自己的个性。你的自信心受到压抑，办事热情忽高忽低，易瞻前顾后、踌躇不前。

41~50分：说明你情绪极不稳定，日常烦恼太多，心情处于紧张和矛盾之中。

51分以上：这是一种危险信号，你务必请心理医生作进一步诊断。

活动感悟

杨树同学的感悟：在此次研习活动中，我的任务重点是负责对资料的收集和整理，感觉自己有很大的进步。无论是在面对多种选择的关键地方，还是在解决问题方面，我都积累了宝贵的社会经验。无论是在选择资料内容上，还是在整理资料和统计资料上，我都深刻体会到了统筹安排的重要性和必要性。无论是在社会实践能力上，还是在社交能力上，我都得到了提高和进步。通过这次活动我认识到将课堂上所学到的理论知识与实际联系起来的重要性，运用课堂上所学到的知识来思考问题、分析问题、解决问题，使我们在解决实际问题的时候，又进一步加深对课本知识的理解和社会经验的积累。另外，通过这次活动还使我们清晰地认识到只有一个综合能力强的人，才能更好地在今后的社会上站住脚，更好地适应社会的发展。

"回收清洗用水冲厕装置"研习报告

指导教师： 陶金姣　白晔

学　　生： 王鹏、赵煜、张璐、刘晓彤、温馨、殷瑞莹、何静、马梓杰、王宇健、杨帅、刘青

一、"回收清洗用水冲厕装置"的设计

（一）团队组建

在研究性学习的活动过程中，出于对资源节约创新活动的兴趣，我们11名同学在3名指导教师的组织下共同组成了"苹果绿"节水绿之队，以期用行动研究的方法解决学校和社区水资源浪费的问题，提出并践行切实可行的方案。

（二）学习节水知识

我们在化学课上重点学习了酸性水的产生和处理、碱性水的产生和处理、水的净化、水中的矿物质分析等知识。在物理课上重点学习了水压、节水装置的力学原理等知识。课下，结合课上所学，指导教师带领我们参观了首钢污水处理厂，了解了废水处理方面的有关知识，学习了节水方案如何提出，如何调研，如何付诸实践。

（三）进行校园用水调查

我们以学校水资源使用情况为主要内容进行调查。在一周的问卷调查和实地观察之后，"苹果绿"节水绿之队共收回有效问卷163份，统计结果显示，有51.2%的师生认为如厕后洗手用水浪费最大，其次浪费水的地方排名依次是：如厕后冲水、教室地

面清洁用水、食堂洗碗用水、绿化用水。教学楼内观察记录表显示，就一个卫生间而言，每天洗手844人次，每次洗手按5秒计算，共开水龙头4220秒；每天如厕冲厕848人次，每次冲水按10秒计算，共冲水8480秒；每天每班教室扫除三次，共清洗拖把24次，每次用时90秒，共开水龙头2160秒，每天扫除中洗抹布28次，每次用时10秒，共用水280秒。

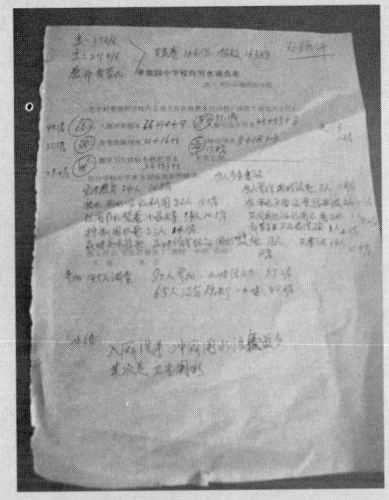
用水调查统计结果

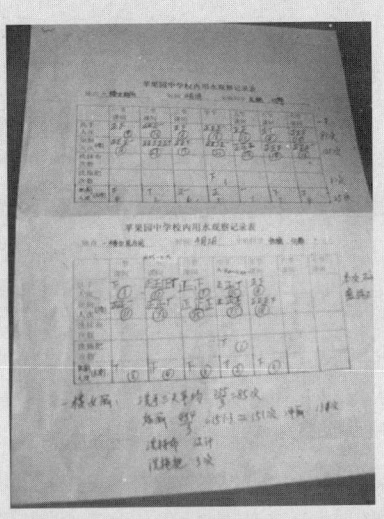
如厕用水观察统计结果

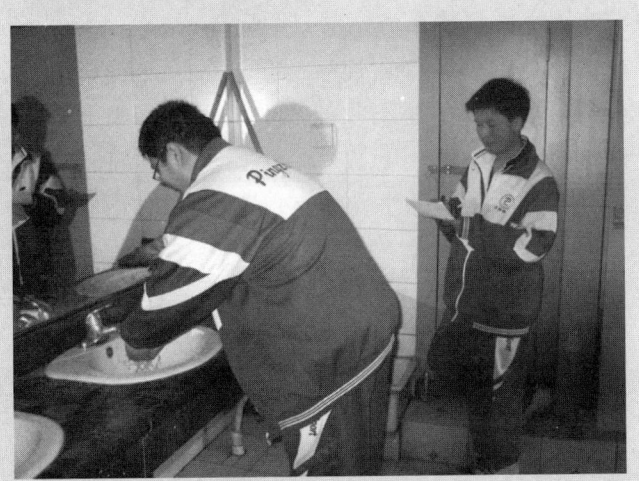
厕所实地观察

在得到上面的数据之后，我们又针对水龙头流量进行了实验。实验获得10秒钟水龙头的出水量约为1.6升。冲厕出水量接近水龙头的两倍，即10秒出水3.2升。再结合观察中记录的各项用水时间，得到每天教学楼中一个卫生间用水量为：洗手用水675.2升（4220秒×0.16升/秒）、如厕用水2713.6升（8480秒×0.32升/秒）、洗抹布用水44.8升（280秒×0.16升/秒）、洗拖把用水345.6升（2160秒×0.16升/秒），以上共用水 3779.2 升，约 3.8 吨。上述数据为最保守数据，因为第一节课前、放学后清洗用水均未计算在内。

根据前期研究结果，我们把要解决的问题锁定在"如何减少清洗用水和冲厕用水"问题上。

（四）节水装置的构想

前期研究发现问题之后，我们就"如何减少清洗用水和冲厕用水"展开了讨论。我们认为，既然校园内消耗水量最大的是如厕后洗手用水，第二位的是冲厕用水，那么我们可以用如厕后洗手用水及其他清洗用水冲厕，这样两者都节省了。

开发"回收清洗用水冲厕装置"的构想确定下来之后，我们对学校卫生间的洗手水池、洗手水池距便池坑位的距离等进行了测量，画出了卫生间结构示意图。在反复商讨基础上设计出了"回收清洗用水冲厕装置"的草图。其实装置原理并不复杂，主要是通过每个洗手池下的"储水罐"把清洗后的用水收集起来，经过沉淀，导入便池后面的冲水管，使学校两大耗水量最大的领域之间达到水的二次利用。

如图 a "回收清洗用水冲厕装置"所示：中间的两个正方形表示储水容器，它的实际位置在洗手间的洗手池下面。储水容器顶端竖直的两个接管连接洗手池的下水口，这样一来，清洗后的废水就可以储存在储水容器中了。储水容器左边的两个横向导管中，上面的一个连接下水管，用于排出储水容器中多余的水；下面的一个导管从本层的地板向下层穿出，一直连接到下一楼层卫生间各坑位手按冲厕装置的出水口。

如图 b "回收清洗用水冲厕装置（一层）"所示：与上面各层不同的是储水容器左边的两个横向导管中，下面的一个导管连接洗手池旁边的一个落地的洗拖把池。这点改动是因为一层已经是最下层，一层回收的清洗用水不再用于冲厕所，而是用于清洗拖把。因此，在一层洗手池旁边贴上了提示语，要求同学们只能在一层洗手池内洗手和清洗抹布，以此避免清洗后污水的水质太差，造成不利于清洗拖把。

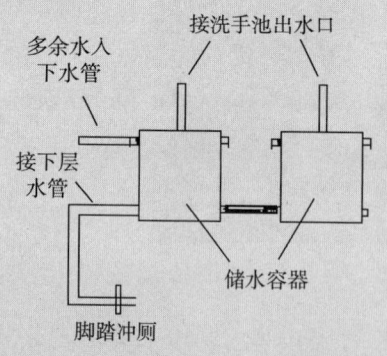
图 a　回收清洗用水冲厕装置

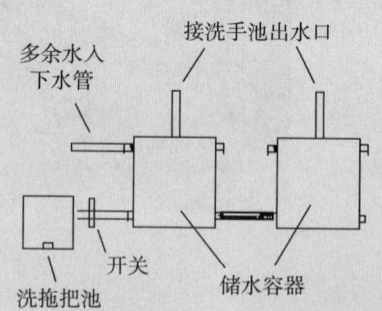
图 b　回收清洗用水冲厕装置（一层）

（五）市场调研与经费论证

我们到学校卫生间进行了实地测量，记录"回收清洗用水冲厕装置"所需部件的尺寸，做好市场调查前的准备。紧接着的一个周末，指导老师带领我们走进建材市场，对"回收清洗用水冲厕装置"所需各种材料的规格、材质和价格进行市场调查。在市场调查基础上完成了详细的预算。

一套厕所的回收装置预算：

材料名称	材料规格	单价	使用数量	总价
水管	pp-R	22.6元/米	16米	361.6元
正三通	pp-R	10.19元/个	8个	81.52元
管卡	pp-R卡	4.09元/个	10个	40.9元
储水箱	55×60×60	500元/个	3个	1500元
脚踏冲厕开关	不锈钢	200元/个	8个	1600元
弯头	pp-R	8.2元/个	6个	49.2元
下水管	普通	3元/个	1个	3元

总价：3636.22元

2~4层共六套装置总价：21817.32元

一楼厕所回收装置预算：

材料名称	材料规格	单价	使用数量	总价
储水箱		500元/个	3个	1500元
下水管	普通	3元/个	1个	3元
开关	双熔接铜球阀	109元/个	1个	109元

总价：1612元

一层二套装置总价：3224元

其他费用预算：

防水胶带	5元/盒	4盒	20元
水泥	18元/包	2包	36元
人工费	150元/天	20天	3000元

总价：3056元

总计：21817.32＋3224＋3056＝28097.32（元）

二、"回收清洗用水冲厕装置"的投入使用

我们的方案和预算经专家和学校审定之后,获得相应的绿色基金用于方案的实施。

施工的主要任务是:在三个洗手池下分别安装三个储水箱,储水箱彼此相连并有管道与下一层坑位冲水的出水口相连。此外,三个储水箱连接后另有多余水的排出管道。此次施工的难点是:三个储水箱共同引出的管道与下一层坑位冲水的出水口相连。

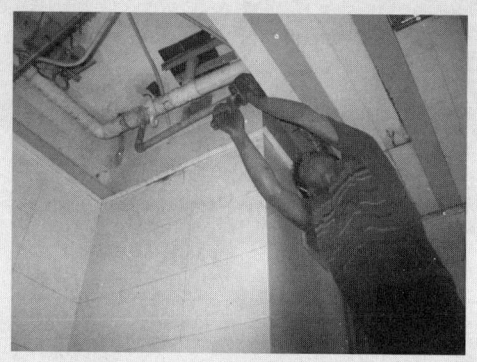

管道施工中

储水箱安装

在"回收清洗用水冲厕装置"完工并投入使用之后,"苹果绿"节水绿之队成员将节水标志和使用节水装置提供的循环水冲厕的提示分别贴在装置和墙面上,提示同学们尽量使用节水装置中积蓄的水冲厕。

贴节水装置标识

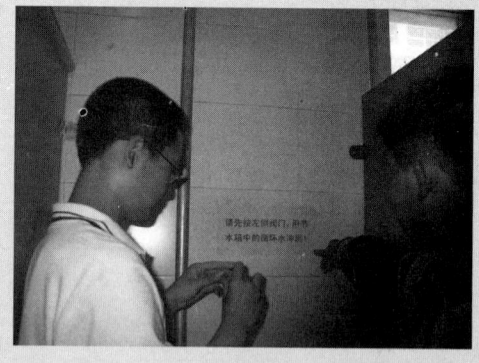

贴提示语

此后,"苹果绿"节水绿之队成员专门就"回收清洗用水装置"的开发过程和使用方法进行了面对全校师生的培训。在使用中,节水绿之队成员每天观察使用情况,计算节水量。

三、"回收清洗用水冲厕装置"的成效

"回收清洗用水冲厕装置"安装后,指导教师和"苹果绿"节水绿之队学生一起对其效果进行了检测。观察发现,每天储水箱能够积累90%以上的清洗后污水,仅有不到10%的清洗后污水由于储水箱在某一时段已满而被排掉。因此,这一套"回收清

洗用水冲厕装置"每天节水量的计算为：洗手用水 675.2 升（4220 秒×0.16 升/秒）、洗抹布用水 44.8 升（280 秒×0.16 升/秒）、洗拖把用水 345.6 升（2160 秒×0.16 升/秒），共计节水 1065.6×0.9＝959.04（升），约 1 吨。

"回收清洗用水冲厕装置"不但为学校节约了大量的水资源，同时带来了同学们研究能力、解决问题能力的提升和节约用水态度、生活方式的转变。

学生感悟

"回收清洗用水冲厕装置"开发与实施过程让我们受益匪浅。我们通过合作探究，情感、态度、社会生活技能等得到了提高。第一，主动求知欲、独立思考能力得到了提高。我们开始主动关心身边发生的事情，注意身边的可持续发展问题，依靠自己的力量解决与自身相关的环境问题；第二，敢于质疑的精神、勇于创新的精神得到了展现，学会了在以事实为证据的前提下证明自己的观点；第三，小组合作能力、组织领导能力得到了锻炼。我们能够较好地理解个人作用和团队合作的辩证关系，并在实践中加以体现；第四，我们对于可持续发展问题的社会关注度和行动能力得到提高。

"绿之队"的同学们说："回收清洗用水冲厕装置"项目开发对于高中生来讲是一个学以致用、关注社会、关注未来的平台。我们在这个平台上深刻体会到资源节约、环境保护对自身以及对人类发展的重要意义，理解到用自己的智慧维护人与自然的和谐是我们的责任。"

第七章　进行学业发展监控

> **导读**：新的高中课改体现为重过程、重素养、重特长。为此，综合素质评价与学业水平测试成为高中生活中的重要伙伴。把它们作为自己发展的朋友，你会进步得更快！

第一节　高中学生综合素质评价

亲爱的同学们，经过初中的生活，大家对综合素质评价有了一定的了解，高中阶段还会有综合素质评价。综合素质评价贯穿在整个中学教育教学中，是一项对思想品德、学业成就、身心健康、艺术素养、社会实践、个性发展状况的过程性评价，这是新课程所要求的学生评价改革的核心。这种评价已经开始应用于高考录取之中，也就是同学们在高中阶段就开始书写自己的成长史。综合素质评价在高中阶段其意义和目的会更加深远。

一、综合素质评价的目的和意义

人力资源是我国经济社会发展的第一资源，教育是开发人力资源的主要途径。《国家中长期教育改革和发展规划纲要（2010—2020年）》把"育人为本"作为教育工作的根本要求，要求以学生为主体，以教师为主导，充分发挥学生的主动性，把促进学生健康成长作为学校一切工作的出发点和落脚点。关心每个学生，促进每个学生主动地、生动活泼地发展，尊重教育规律和学生身心发展规律，为每个学生提供适合的教育。努力培养造就数以亿计的高素质劳动者、数以千万计的专门人才和一大批拔尖创新人才。综合素质评价有利于人力资源的培养。

实施综合素质评价的根本目的是要促进学生全面地、有个性地发展。这也是新课程改革中学生评价改革的核心。对学生的一切评价，如果离开了促进学生发展这个终极目的是毫无意义的。综合素质评价把思想品德、学业成就、身心健康、艺术素养、社会实践、个性发展等多元化的评价内容和评价方法与学科目标和一般性发展目标有机地结合起来，这使得学校的教育教学实践不仅仅关注学生知识和技能的获得，更关注学生学习的过程、方法以及相应的情感、态度、价值观等方面的发展。

高中学生综合素质评价是对高中阶段学生进行的全员、全方位、全过程评价，其目的就是促进每个学生在原有基础上的全面而有个性的发展，促使教师树立正确的教育质量观、发展观、学生观和评价观，转变教育教学行为和方式，通过综合素质评价实现师生的互动，引导并促进教师的发展，引导家长和社会逐步形成科学的观念，营造有利于学生发展的家庭和社会环境，为学生的发展提供支持和服务。

让别人能够全面认识我们，仅仅靠分数显然是不够的，只有运用全面的综合评价，才能真正反映这些同学的全貌。所以，综合素质评价的作用就是更多地引导同学更全面地去认识自己，发展自己的特色。

综合素质教育评价关系到大学的录取，在中学阶段的专题教育、志愿服务、学业成绩、研究性学习、身心健康、艺术素养、社会实践、个性发展等都是大学录取的重要依据，而这些内容都是基于同学自身发展过程中必不可少的，这些内容将引导同学们在高中阶段有计划地发展自我，规划生涯发展历程，书写自己的成长史。在高三的时候，负责这个工作的老师会根据同学们的填写，生成学生报告册，提供给大学录取参考。

二、综合素质评价包括的内容和要求

综合素质评价每学期都有相对固定的时间填写和要求，填写对于高中生来说并不难，但同学们提前了解相关内容，以此引导自己的学习与实践，才会做到有的放矢。

北京市综合素质评价包括 10 个一级栏目。见下表：

一级栏目
栏目1：新学期伊始的我
栏目2：学期结束时的我
栏目3：思想道德
栏目4：学业成就
栏目5：合作与交流
栏目6：运动与健康
栏目7：审美与表现
栏目8：综合实践活动
栏目9：个性与发展
栏目10：志愿服务

这 10 个方面几乎囊括了同学们高中生活的方方面面，所以综合素质评价引导同学们全面发展。

为了使同学们了解综合素质评价，下面列出全部内容及填写的栏目，具体细节、评价主体、评价任务、评价次数、完成时间都有明确的要求，同学们请仔细看下面的

北京市普通高中学生综合素质评价电子平台评价主体及栏目任务一览表。

需要提醒大家的是，目前北京市综合素质评价平台可以在外网随时登录填写！

北京市普通高中学生综合素质评价电子平台
评价主体及栏目任务一览表

（北京市教委基教处、北京教科院基教所）

一级栏目	二级及以下栏目	评价主体	评价任务	评价次数	完成时间
栏目1 新学期伊始的我	刚开学时的我 （高一第一学期）	学生本人	必填	每学期1次	学期开始后1个月内
	我的发展目标 （每学期初）	学生本人	必填		
	"我的发展目标" 家长的期望	家长			
栏目2 学期结束时的我	学期末的我	学生本人	必填	每学期1次	学期结束后1周内
	我的发展目标	学生本人	必填		
	班主任评语（全面）	班主任	必填		
	家长评语和期望	家长	必填		
栏目3 思想道德	自我评价	学生本人	必填	每学期至少1次	第1学期在11月底前完成，第2学期在5月底前完成
	他人评价	同学		每学期2~3人	
		教师		鼓励填写	
		家长			
	思想道德事迹记录袋	学生本人		每学期至少1次	
栏目4 学业成就	学科学习过程 ——作品展示	学生本人		有选择地填写	学期结束后1周内
	学科学习过程 ——课程评语	任课教师	必填	每学年1次	
	学科学习过程 ——平时成绩	任课教师			
	学业情感自我评价	学生本人		每学期至少1次	第1学期在11月底前完成，第2学期在5月底前完成
	学期情感他人评价	同学		每学期2~3人	
		教师		鼓励填写	
		家长			
	学分认定记录	教师	从课程管理平台系统导入		

续表

一级栏目	二级及以下栏目	评价主体	评价任务	评价次数	完成时间
栏目5 合作与交流	自我评价	学生本人	必填	每学期至少1次	第1学期在11月底前完成，第2学期在5月底前完成
		同学		每学期2~3人	
	他人评价	教师		鼓励填写	
		家长			
	合作与交流行为记录袋	学生本人		每学期至少1次	
栏目6 运动与健康	自我评价	学生本人		每学期至少1次	第1学期在11月底前完成，第2学期在5月底前完成
	他人评价	同学		每学期2~3人	
		教师		鼓励填写	
		家长			
	学生体质健康数据采集	体育老师	从CMIS系统导入	每学年1次	第1学期结束后1周内
栏目7 审美与表现	自我评价	学生本人		每学期至少1次	第1学期在11月底前完成，第2学期在5月底前完成
	他人评价	同学		每学期2~3人	
		教师		鼓励填写	
		家长			
	审美与表现记录袋	学生本人	必填	每学期至少1次	
栏目8 综合实践活动	研究性学习评价	学生本人	必填	每学期至少1次	新学期开学后1个月内完成，除学生本人评价结果外其他信息由班主任负责上传
		指导教师	必填	评定成绩和学分	
	社区服务评价	学生本人		每学期至少1次	
		指导教师	必填	评定学分	
	社会实践活动评价	学生本人		每学期至少1次	
		指导教师	必填	评定学分	
栏目9 个性与发展	个性与发展基本情况	学生本人	必填		第1学期在11月底前完成，第2学期在5月底前完成
	个性与发展自我评价	学生本人		每学期至少1次	
	个性与发展他人评价	同学		每学期2~3人	
		教师		鼓励填写	
		家长			
	个性发展过程	学生本人		每学期至少1次	
	特长与成果展示（含思想道德记录袋、合作与交流记录袋、审美与表现记录袋内容）	学生本人	必填	每学期至少1次	学期结束后1周内
栏目10 志愿服务		学生本人	必填	每学期至少1次	

同学了解这个表格内容以后，也许会觉得复杂，这不要担心，你的学校都有专门的老师负责此事，你的班主任老师也会提醒你填写的时间和内容，你需要做到的就是心中有数，这样就能有序进行。这个表格中不仅需要你的努力还需要你的同学、老师、家长都参与其中，也有技术老师的支持，不必过于担心。

特别提醒的是，由于到了高三报告册要生成的事实，实际上已经说明要与高考挂钩。从报告册的内容不难看出，评价不仅要关注学生的学业成绩，而且要发现和发展学生多方面的潜能，了解学生发展中的需求，帮助学生认识自我，建立自信。学生们认真正确地对待评价并且积极参与报告册生成。

另外，教师、家长和学生知道报告册关系到学生的直接利益，也会本着对学生负责的认真态度积极投入到此项工作中。

三、如何把综合素质教育评价做得更好

（一）评价和同学自身生涯发展相结合

例如，"新学期伊始的我"，指学生在新学期开始时对自己的认识和自我判断，以及新的学期自我发展目标和发展规划设计。它可以引导学生客观地看待自己的发展现状，激励和督促学生有目的、有计划地设计人生发展轨迹，从而逐步实现全面而有个性的发展。"新学期伊始的我"由"刚开学时的我"和"我的发展目标"两部分组成。

在评价工作中，学生是主体，每新学年都会对初一、高一新生和老师进行相应的培训，促进工作的开展。由于和学生自身生涯的发展结合，同学就不是单纯完成一项工作，而是促进自己的发展。

（二）评价和学生的研究性学习结合

在综合素质评价中，研究性学习占据学生评价很重要的一部分，学生主动参与课题研究不仅促进学生的综合素质提升，同时把自己的研究报告，填写到综合素质评价之中，提升同学的能力。

（三）评价和学生的综合实践活动结合

综合实践活动课程是国家规定、地方指导、学校自主开发与实施的必修课程，它以学生现实的生活实践活动为主要课程资源，以实践性主题活动为基本教学方式，以学生自主学习和直接体验为主要学习方式。在中小学开设综合实践性活动课程，有利于体现新课程改革的基本理念，全面实施素质教育；有利于教育教学和现实生活的联系，改善学校教育的课程结构；有利于鼓励教师创造性地实施课程，促进学生学习方式的变革；有利于扩展德育空间和视野，培养学生良好的道德品质。

社区服务是指学生在教师的指导下，走出教室，进入居家所在的社区，在实际的社会情景中，直接参与社会的服务性、公益性、体验性的学习，以获取直接经验，发展实践能力，增强社会责任感，提升学生的道德意识和能力，促进学生社会化的进程。

随着综合素质工程的规范和投入，同学在社区服务、综合实践活动开设，学校的德育课程的丰富都有了长足的进步，同学参与活动的实践机会也日益丰富，为综合素质评价提供了实践的机会，对于同学填写到评价中变成了轻而易举的事情，因为丰富快乐的实践课程体验，带来了丰富而快乐的体验，同学写的内容也变得更具特点。

（四）评价和处理好人际关系结合

综合素质评价中同学、老师、家长都是学生综合素质评价的主体。可以让学生接收到更多的督促、指导、引领。良好的人际关系有助于评价的良性发展。

四、注意的事项

评价的质量未必如意。自身、同学，家长、老师很难做到全面、客观。而由于高考录取利害关系的影响，可能会出现诚信问题，所以这里做一个提醒，同学们只有不断努力、提高，争取做更好的自己。

综合素质评价的目的是为了促进学生的发展，而大学招生则重在甄别选拔功能。为了在升学评估中作为前置条件具备甄别功能，就必须将学生入学以后的种种优缺点随时记录在案而不容轻易更改。而从评价的教育意义上来说，为了便于促使学生在成长的道路上放下包袱，轻装前行，则应该不纠缠过去。甄别功能与教育功能之间的取舍，便是综合素质评价必须做出的一个选择。

因此，每年在生成报告的时候，报告册更注重同学个性的发展、研究性学习、社会实践的能力。这样基本上会避免我们所说的现象。

从综合素质评价的积极意义上，可以给我们同学一个引领。

同学，你准备好了吗？投入到丰富多彩的高中生活吧。

第二节 高中学业水平测试指导

高中所学或所修科目，通常分为必修科目与选修科目，高中所学的所有必修科目以后都会有国家学业水平测试。

北京市教委颁布的自2017级高一学生起实施的《北京市普通高中学业水平考试实施办法（试行）》中规定，高中学业水平考试设置语文、数学、外语、思想政治、历史、地理、物理、化学、生物、体育与健康、艺术（音乐、美术）、信息技术、通用技术13门科目。学业水平考试会有两类：一类是合格性考试，能否通过，将决定你能否取得高中毕业证书；另一类是等级性考试，考试的成绩将被记入高考成绩。

语文、数学、外语、思想政治、历史、地理、物理、化学、生物、体育与健康、艺术（音乐、美术）、信息技术、通用技术所有考试科目均设合格性考试。思想政治、历史、地理、物理、化学、生物6门科目设等级性考试。等级性考试由全市统一命题、统一组织考试、统一阅卷。合格性考试成绩以"合格/不合格"呈现。等级性考试成绩以等级呈现，分为五个等级，由高到低为 A、B、C、D、E。原则上各等级人数所占比例依次为：A 等级 15%，B 等级 30%，C 等级 30%，D、E 等级共 25%，E 等级不超过 5%。

学业水平考试成绩合格者获得《北京市普通高中学业水平考试合格证书》。学业水平考试成绩合格的条件为：仅设有合格性考试的科目，学生需合格性考试合格；设有合格性考试和等级性考试的科目，学生需合格性考试合格或等级性考试成绩 D 等级（含）以上。语文、数学、外语 3 门科目，学生需合格性考试合格或统一高考成绩 60 分（含）以上。选择以等级性考试成绩或统一高考成绩为学业水平考试成绩合格依据的，学生可不参加相应科目的合格性考试。学生学业水平考试所有科目成绩提供给招生高校使用。等级性考试成绩纳入参加本科院校招生录取考生总成绩，成绩当年有效。

无论是哪类学业水平考试，同学们都应注意以下几个方面。

一、把握学科必备品质与学科素养

未来的高考，将逐步实现 3+3 选科，即语文、数学、外语为高考必考科目，参加本市当年高招的在校学生和社会人员根据报考高校要求和自身特长选择参加思想政治、历史、地理、物理、化学、生物 6 门中的 3 门科目等级性考试，3 科等级性考试成绩按照比例计入高考总成绩。

高考将与学科学业水平测试、学生综合素质评价相结合。那么，学业水平测试测什么，如何测？教师、学生应如何对待学业水平测试？目前教育部正在修改高中课程标准，强调各学科核心素养。学科核心素养强调以下内容：对学科本质观和育人价值的反省和实践；用科学的知识与方法解决现实的综合问题；要关注学生思考和解决问题的过程。学业水平测试将主要测查学生的学科核心素养以及运用学科知识和技能解决现实问题的能力。因此，对学生学业能力的要求不是降低了，而是提高了。

以 2017 年的高考改革为例，如果学生们要获得高中毕业证书，就必须通过国家必修课考试，并达到 C 级以上。而在将来，如果想考取某名牌大学的计算机专业，则 3（语、数、英）+3（政史、地理、化学、生物中选择 2 科计入最终成绩，物理必选）须达到该大学的录取分数线总分要求，其中，英语、数学、物理、计算机等级考试也须达到 B 级水平及以上，两者缺一不可。在更远的未来，考生考取该大学，还可能需要在综合素质评价中有与计算机、人机服务相关的一些研究成果、小发明、论文或获奖等，方能被该大学的计算机专业录取。由此可见，未来对人才的要求会越来越高，对学生们掌握学科必备品质和学科素养也会提出更高的要求。除此之外，学业水平考试题目也会越来越活，并日益生活化，与生活紧密相连，着重考察学生们理论与实践相结合、发现问题、分析问题、解决问题的能力等。

（一）把握各学科必备品质与核心素养

面对教育的新形势与新变化，同学们该如何更好地为之做准备呢？从近几年的高考来看，对于语文学科的学习与学业水平测试而言，高考还将进一步加大阅读、传统文化教育以及应用性作文等的考核，因而，同学们就要在平时的学习中有意识地接触大量的文学名著、诗词散文、古文典籍等，更好地提出问题、分析问题，形成批判性思考的学科素养。同学们要结合相关阅读，开展读后感、书信、通知、启事等的撰写，提高语言的应用能力。对于数学学科而言，其核心学科素养在于利用数学知识发现问题、分析问题、解决问题，因此，学业水平考试可能会缩减计算量，增加数学在生活中的应用（如统计、概率的应用考察等）、数图结合分析、数理思维等。对于英语学科而言，学业水平考试可能还会更全面、更深入地考察听、说、读、写能力，分模块进行考试，增加阅读量和应用型作文写作。对于文综、理综而言，学业水平考试也会更趋向于综合，无论是政、史、地，还是理、化、生，都会更紧密地贴近生活实际，从生活实际入手，层层深入考察同学们的理论素养与灵活思维能力。

面对新的高中学业水平考试和高考，文理分科的界限会逐步打破，进而会允许同学们选择自己感兴趣、有特长的3科成绩计入最终高考成绩，重点考察同学们对社会的观察、提取信息、分析信息、解决问题等能力，同时也会要求同学们多关注社会与科技发展的前沿问题。

同学们的综合素质评价内容包括，如自述的成长变化、个性特征，参与的创新设计、研究发明、科学考察、社会活动、生涯探索等也都将逐渐成为高校选拔人才的重要参考。由此可见，未来的教育形式、内容，以及考试形式与内容都将发生很大的变化，同学们要及早做好相关的准备。

（二）找到适合自己的学习方法

每个学生都希望能够提高学业成绩，然而，并不是每个人都能找到适合自己的学习方法。就像对相关材料的记忆，有的学生从头读到尾，在多次的熟读中，很快就能把相关的内容记住，有的学生读了很多天，熟读了很多遍，却还是难以记下来；还有的学生只需要抄写几遍就能记忆下来，而另外一些学生就是抄写几十遍、几百遍都难以记忆下来；有的学生做思维图谱，记忆效果非常好；有的学生却善于通过推理与计算来增强记忆。

具有较好的学业能力的人往往首先会反思自己如何记忆、理解效果会更好，从而选择更适合自己的学习与记忆方法。比如，有的学生会采用一句话一句话地读熟来尝试背诵来记忆材料；有的学生会尝试先理解一段材料的大概意思，根据自己的理解来背诵；有的学生则会尝试把背诵的材料浓缩成一些容易记忆的单词、句子，通过展开联想来记忆；有的学生则会通过把记忆的材料变成图画、故事等直观的材料，再去记忆背诵。方法不同，效果却可能相同。异曲同工之妙就在于寻找到适合自己的学习方法。就像心理学家把学习者分成了听觉型学习者，即通过听讲、听录音、听他人讲解等方式能够更好地学习与记忆；动觉型学习者，即通过身体的运动感觉、通过动手操作等方式获得更好的学习与记忆；视觉型学习者，即通过直观的可视、观察等获得更好的学习与记忆效果。

具有较好的学业能力的人在和别人的比较中，会很快地察觉如何才能更好地改进自己的学习与记忆方法，以及根据不同的学习材料、学科内容特点等选择不同的学习方法，从而实现效果的最大化。比如，英语学科的学习与记忆方法就和历史、政治等学科的学习与记忆方法存在很大的不同。聪明的学习者总会及时做出调整，在英语学科学习中采用多感官刺激（听、说、读、写等）方式来加强学习与记忆的效果，而在历史学科中则会采用理解、思维导图等不同的学习与记忆方式来加强学习与记忆的效果，在政治学科中会采用联想、举例、概括化等方式来增强学习与记忆的效果。

二、"学而时习之"，步步为营

面对教育的变革，同学们除了要了解未来需要掌握的学科品质和核心学科素养，还需要通过自己的努力来实现学业发展目标。

（一）学会反思，改进自己的学习

心理学家、教育学家观察发现，名列前茅的学生总是很会及时反思自己的学习方法与学习效果，每隔一段时间就会比较自己和他人的学习方法与学习效果，调整自己的学习节奏与学习方法等。进步幅度很大的学生总是会根据考试结果来分析自己的问题，强化与提升自己的优势，弥补自己的劣势。没有及时进行学业反思的学生，尽管也付出了很多的努力，但由于陷入了"题海战术"中，无法把握重点、难点，往往成绩没有提升，反而有所下降。

"学而不思则罔，思而不学则殆。"学习过程中，首先需要坚持，其次还需要思考，再次更需要反思，及时发现自己知识上的漏洞、方法上的缺陷、努力上的不足、能力上的优势与劣势等，进行相应的调整、强化与补缺，促进自己学习能力、学习方法与学习成绩的提升。学业反思能力是促使高中生学业进步的很重要的因素。一个人的学业反思能力越高，其学习往往就比较灵活，成绩通常会非常优秀，进步幅度也特别大。因而，高中生具备较强的学业反思能力是非常关键的，建议同学们着重提升自己的学业反思能力。

（二）及时调整学习方法

与初中阶段的学习相比，面对高中阶段的学习，同学们首先要学会预习，在预习中，把新知识的学习与生活联系起来，进行有意义的认知加工，以增强记忆、理解的效果。在有疑问与困惑的地方，做下相应的标记，以便与他人进行讨论。预习结束之后，还要进行适当的练习，以检验和强化预习的效果。其次，同学们还要学会温习功课，及时复习、强化刚学习过的内容。根据艾宾浩斯遗忘曲线，学习后进行及时复习，并逐次间隔较长时间来不断地复习以前的内容,则记忆的效果更佳。再次,同学们还需要学会总结,比如,利用知识图、知识树、思维导图、脑图、天地学习法等方法进行知识整合;再比如,学习完每一节课、每一单元、每一章节、每一模块后及时进行提纲挈领的总结,分析知识之间的内在联系,强化学习效果。当同学们能够把很厚的一课、一节、一章、一模块、一本书的内容浓缩到一张纸或者几张纸上时,就能站在更高处俯瞰知识脉络,做到思路清晰、条理明白。面临考试时,仅需要把很薄的书和知识还原到很厚的状态。最后,赢在未来的学生更善于自我管理,能够更好地规划自己的学习,丰富自己的学习与生活,善于发现生活中的问题并与已有的知识发生连接,促进自己更好地思考。

(三) 提高自我管理能力

自我管理不仅仅涉及整体上学科学习时间、资源和精力的调整、改进,还要注重落实与执行。优秀的学生往往反思、改进和执行能力都非常强。良好的改进计划应该适度、具体。比如,晚上要复习数学第一单元课本,完成第一单元练习册,时间为1.5个小时之内。这样既做到了心中有数,也能够更好地衡量自己的学习效率,拓展改进空间。自我改进计划,还涉及学习方法和学习重点的调整等。

三、正确看待每次考试的结果

(一) 把每次考试作为一次"体检"

就像医生要治病首先需要明确诊断病情一样,考试就是老师帮助同学们来做"体检",及时发现学习中的漏洞,及时修补,达到国家课程标准的要求。因此每次考试,都是一次"体检",为大家提供"治病康复"的机会。同学们不必害怕考试,应以接纳的心态来对待考试。

每一次单元考试、期中考试、期末考试等都是一次对前一阶段学习效果的检查。考试之前,很多同学往往会感觉到不知道自己的问题在哪里,也不清楚自己的学习效果如何,不知道哪些地方是自己的薄弱环节。有时候,似乎学过的内容都会,没有什么可以难倒自己;有时候又似乎很多都不会,却也不知道该从何抓起。考试提供了帮助同学们自我诊断的机会,及时发现问题,才能解决问题,才能健康前行。及时发现学业中的问题是学业反思能力中很重要的一环,是个体不断调整自己的学习方法、学习节奏、学习重点等的重要参考和依照。

优秀的学生往往能够在每次考试结束后,分析自己的错题,反思自己的错误原因,把相关的错题记录在错题本中,以便日后进行复习。总结各学科的错题,分析自己出错的原因,能更好地调整自己的学习方法。

(二) 每次考试要自己和自己比

每个人都是独特的、不一样的,我们没有必要在考试后一味地去和别人比较。我

们最应该做的是自己和自己比。自己的未来把握在自己的手中。同学们可以问自己以下问题：我是否付出了最大的努力？我和上次比是否有进步了？考试的内容都会吗？是什么原因失分了？如果是没有学会，我要想什么办法弥补呢？如果是马虎错的，我下次如何避免呢？

四、发现自己擅长的学科

（一）尽早发现自己擅长的学科

未来的高考将采用"3+3"模式，即在语、数、外之外，允许高中生选择3科来计入最终成绩。高校不同专业会对学生选择科目进行限定，比如报考化学专业，可能就需要在三科中必选化学，其他两科可以任选；而报考生物，则可能需要必选生物与化学两科，第三科任选；报考金融专业，可能就需要必选政治、历史科目……由此，各专业都可能会对学生的学业成绩提出要求，这也就意味着需要同学们发现自己所擅长的学科，从而更好地选择自己适合的专业，突出自己的优势。越早发现自己的优势，越早进行职业和学业规划，才能越早地在相应学科上投入更多的精力。这样也有利于减轻自己的负担，减少自己犹豫的时间等。

发展自己擅长的学科，就要努力依托自己的优势学科，多拓展相关的课外阅读与动手操作、社会实践、科学考察等，为自己将来的职业发展做好铺垫。

（二）打牢基础，均衡发展

"扬长"并不意味着放弃补短。依据短板理论，高中阶段同学们的总成绩会受到弱势学科成绩的影响，制约总排名，因而，同学们需要在有特长的基础上均衡发展。高中生在学习的过程中，由于学科偏好，往往在喜欢的学科上投入更多的时间与精力，而不喜欢的学科会感到没有兴趣，投入较少的努力，导致弱势学科成为整体的短板。解决这个问题，需要制订改进计划，适度减少投入到优势学科中的资源与精力，增加弱势学科的资源、时间与精力投入，选择在精力最佳阶段加强弱势学科的查漏补缺与强化训练，进行及时复习等。这样就能更好地维持优势学科的优势地位，同时很快提升弱势学科的成绩。破除优势学科的天花板效应（指成绩已经非常高的学科，再往上提升的空间和难度就很大），需要减少学科的练习强度，把更多时间和精力投入到课本当中去。同学们可以制订计划，整合课本脉络，用最少、最精炼的言语概括课本内容，把课本读"薄"；制订相关学科的读书计划，在扩展阅读中，把"薄"课本还原成厚书籍，实现知识的进一步加工。

综上所述，学业水平测试为我们提供了检测各科学习的机会。同学们要正确看待和把握学业水平测试。让自己走得更稳、更远、更轻松、更高效。

主要参考文献

[1] 方晓义,等. 构建适合我国的普通高中学生发展指导制度 [J]. 北京师范大学学报(社会科学版),2013(1):42-49.

[2] 林小英. 普通高校招生多元录取机制的"理念型建构":因果适当还是意义适当? [J]. 全球教育展望,2014(2):17-29.

[3] 肖远骑. 芬兰高中教育改革:促进学生走向卓越 [J]. 中小学管理,2014(5):52-53.

[4] 陶敏. 美国学业指导制度变迁及对我国的启示 [J]. 高校教育管理,2012(3):77-80.

[5] 朱益明. 审视高中导师制:学生发展指导的视角 [J]. 基础教育,2011(6):61-64.

[6] 娄立志,等. 美国高中生选课指导中的政府行为及启示 [J]. 比较教育研究,2013(9):37-41.

[7] 朱益明,主编. 普通高中学生发展指导研究 [M]. 上海:华东师范大学出版社,2013.

[8] 李松林. 国外高考改革的新动向及其启示 [J]. 全球教育展望,2007(6):41-45.

[9] 吴鹏森. 中国高考改革新思路 [J]. 探索与争鸣,2013(4):72-78.

[10] 郭俞宏,等. 美国学校咨询体系的形成与发展 [J]. 外国教育研究,2009(9):46-51.

[11] 陈才琦. 芬兰普通高中导师制的特色及启示 [J]. 全球教育展望,2014(1):89-96.

[12] 李栋. 台港沪三地普通高中"学生发展指导制度"比较研究 [D]. 中国知网:华东师范大学硕士学位论文,2011.4.

[13] 胡健. 普通高中学生发展指导制度构建研究 [D]. 中国知网:安徽师范大学硕士学位论文,2012.6.

[14] 谢辉. 构建学业辅导体系促进学生学业发展 [J]. 北京教育(德育),2013(3):19-21.

[15] 陈琦,刘儒德. 当代教育心理学 [M]. 北京:北京师范大学出版社,2005.

[16] 姜英杰. 元认知研究的历史源流与发展趋势 [J]. 东北师大学报(哲学社会科学版),2007,2(226).

[17] 程燕,张大均. 浅论学习策略的课堂教学 [J]. 心理探索,2005,2(11).

[18] 郭喜青. 北京市中小学心理健康教育活动课现状分析与建议 [J]. 中小学心理健康教育,2012.7(下半月刊).

[19] 王珣. 《国务院关于深化考试招生制度改革的实施意见》出台聚焦高考改革十大亮点 [N]. 中国青年报,2014-09-05.

[20] 于晓媚. 沪浙启动高考综合改革试点考试科目均为"3+3"打破文理分科 外语一年两考 [N]. 中国教育报,2014-09-20.

[21] 王芬. 深化考试招生制度改革,促进高考英语"一年多考". 我国启动国家外语能力测评体系建设外语教学和考试将"车同轨量同衡" [N]. 中国教育报,2014-10-31.

[22] 王珣. 加强和改进普通高中学生综合素质评价——教育部基础教育二司负责人就《关于加强和

改进普通高中学生综合素质评价的意见》答记者问［N］．教育部，2014－12－16．

［23］王芬．教育部发布《关于普通高中学业水平考试的实施意见》［N］．中国教育报，2014－12－17．

［24］叶晓慧．三十年来历史高考试题改革述评［D］．华东师范大学硕士论文，2010．

［25］王海龙．我国高考招生录取模式创新研究［D］．天津大学博士论文，2010．

［26］周轩．高考招生中的学生学业评价研究［D］．河北师范大学硕士论文，2012．

［27］蒋钢城．从后设走向引领——高考制度革新瞻望［J］．太原师范学院学报（社会科学版），2012（4）．

［28］卫作辉．普通高中学生综合素质评价的探索与实践［J］．教育导刊，2010（5）．

［29］宋红艳．普通高中学生综合素质评价实施研究［D］．青岛大学硕士论文，2011．

［30］教育部高校招生阳光工程指定信息平台——阳光高考网［OL］．http：//gaokao.chsi.com.cn/专业知识库．

［31］美国中学主流理科教材科学探索者系列［M］．杭州：浙江教育出版社，2013．

［32］2015年北京市普通高中会考考试说明 生物［M］．北京：北京出版集团公司北京出版社，2015．

［33］北京教育考试院．北京市2015高考政策问答［OL］．http：//www.bjeea.cn/．

后 记

《高中生学业发展指导手册》经过 4 稿修改，以及最后的统稿终于完成了。它是北京市教育科学规划重点课题《高中生学业发展指导研究》（课题批准号：ABA14021）课题组辛勤劳动的结晶。

《高中生学业发展指导手册》共分为七章 37 节。第一章"学业发展要规划"由北京市京源学校主要负责编写；第二章和第三章"高中国家课程学习指导"和"高中校本选修课程指导"由北京市石景山区的市区骨干教师撰写；第四章"提高学业能力"由首师大附属苹果园中学负责编写；第五章"发现个性潜能的多种方法"由北京市京源学校和首师大附属苹果园中学合作编写；第六章"发展自己多方面的能力"由北京市第九中学和首师大附属苹果园中学合作编写；第七章"进行学业发展监控"由北京市古城中学负责编写。本手册的整体设计及编写指导和最后的统稿由课题负责人王曦完成，龙娟娟老师参与了手册部分内容的修改工作。

《高中生学业发展指导手册》的编写得到了北京市教育科学规划领导小组办公室、中共石景山区委教育工作委员会、北京市石景山区教育委员会、北京教育学院石景山分院、北京市第九中学、北京市京源学校、首师大附属苹果园中学、北京市古城中学的大力支持，一并表示感谢！

王 曦

2016 年 2 月 26 日